文成天縦

説文古本考

SHUOWEN GUBEN KAO

〔清〕沈濤 撰

2

廣西師范大學出版社
GUANGXI NORMAL UNIVERSITY PRESS
·桂林·

重印說文古本攷

五至六之下

說文古本攷第五卷上

嘉興沈濤纂

竹部

竹冬生艸也象形下垂者箁箬也凡竹之屬皆从竹

濤案初學記果木部引無艸字垂字箁作答皆傳寫誤脫

箭矢也从竹前聲

濤案藝文類聚八十九本部御覽九百六十三竹部皆引作矢竹也是古本矢下有竹字今本奪御覽三百四十九兵部初學記武部引同今本葢傳寫偶奪耳矢竹謂竹材之堪爲矢者

簜大竹也从竹湯聲夏書瑤琨筱簜簜可爲榦筱可爲矢

濤案尔疋釋艸釋文引作何書曰筱簜既敷是也蓋古本如是今本引瑤琨筱簜乃傳寫之誤尔疋釋文大誤作入

箈 竹萌也从竹怠聲

濤案尔疋釋艸釋文引箈竹萌生也蓋古本有生字今奪

箁 竹箬也从竹音聲

濤案廣韻十九侯引箬作箁蓋傳寫之誤

籀 讀書也从竹搯聲春秋傳曰卜籀云

濤案匡謬正俗引籀讀也蓋傳寫奪書字言部讀籀書也正互訓之例上文篆爲引書下文籍爲部書此處不應無書字玉篇引同今本可證

籍簿書也从竹耤聲

濤案左傳序正義引作部書也盖古本如是部乃篰字之省許書無簿字凡簿書字皆當用篰

簡牒也从竹閒聲

濤案漢書高惠高后文功臣表注晉灼引許慎云柬古簡字也是古本有重文柬字

笐竹列也从竹亢聲

濤案一切經音義卷十一云笐筣笐胡當反下力折反說文云竹次也言竹有笐次謂之笐筣也是古本作笐筣竹次也今本既奪筣篆遂改次爲列謬誤之甚廣韻十一唐引同今

本疑後人據今本改

笵　法也从竹竹簡書也氾聲古法有竹刑

濤案一切經音義卷二云師範今作笵同音犯字从竹氾聲說文古法有竹刑以土曰型以金曰鎔以木曰模以竹曰範四者一物材別也以土以下當亦許君語而今本奪之範當作笵

符　信也漢制以竹長六寸分而相合从竹付聲

濤案史記高祖本紀索隱引與今本同而孝文本紀索隱引分符而合之五字乃小司馬檃括其詞非古本或有異同也文選謝靈運過始寧墅詩注引無長六寸三字亦屬崇賢節

引

篗收絲者也从竹蒦聲𧤗篗或从角从閒

濤案御覽八百二十五資產部引作从角閒聲篗與閒聲不相近聲字恐誤

笮迫也在瓦之下棼上从竹乍聲

濤案一切經音義卷十一引笮壓也謂笮出汁也笮乃管字之誤是古本尚有壓也一訓謂字以下當是庾氏注中語

簀牀棧也从竹責聲

濤案初學記二十五器用部引棧作輚蓋傳寫之誤輚爲文車非此之用一切經音義十五引同今本可證

籧 籧篨粗竹席也从竹遽聲

濤案一切經音義十七引籧篨竹席也乃傳寫奪一篨字觀上文引方言可證今本亦不應複舉籧字因不知許書篆文連注之例也

籭 竹器也可以取粗去細从竹麗聲

濤案一切經音義卷六引作除麤取細葢古本如是籭即今之簁正爲取細之用今本去取互易於義乖違玉篇亦云可以除粗取細正本許書

笥 飯及衣之器也从竹司聲

濤案一切經音義卷四卷十三引盛衣器曰笥也卷十二引

作盛衣器也葢古本作盛衣之器也今本飯及二字誤亦部
簞亦訓笥曲禮注曰簞笥盛飯食者是笥亦可爲飯器然連
簞言之則爲盛飯之器析簞言之則爲盛衣之器衣裳在笥
簞食壺漿凡字各有本訓不得渾而一之也
又案音義十二引下有亦盛食器也圓曰簞方曰笥也十二
字亦字以下乃元應引伸笥字之義非所據說文有此數語
又案御覽卷七百十一服用部引簞笥飯及衣之器也葢古
本簞字注作飯器也笥字注作盛衣器也故引書者槩括言
之如此淺人卽以此語羼之笥遂改簞字注爲笥耳卷七
百六十器物部引簞飯器也可證

簞 笥也从竹單聲漢律令簞小筐也傳曰簞食壺漿

濤案一切經音義十七引簞笥也一曰小筐也則小筐乃簞之一訓今本奪一曰二字簞小筐也亦不似律令之語且律與令不同許書或偁漢律或偁漢令無兼偁漢律令者令字乃傳寫之誤而令簞二字上下亦必有奪文也御覽引簞爲飯器說見笥字條而元應書引同今本疑古本飯器二字在小筐下許引傳文以證飯器之訓元應御覽各有節取非所據本不同

簁 簁箄竹器也从竹徙聲

濤案一切經音義卷十六引簁竹器也乃傳寫奪一箄字今本

說解中亦誤衍筵字說見籩字條

簠黍稷圜器也从竹从皿甫聲𠤱古文簠从匚从夫

濤案汗簡卷下之一引說文簠作𠤱是古本古文篆體如此

似不从夫

篅以判竹圜以盛穀也从竹耑聲

濤案一切經音義卷四十二十四十六十七二十二二十四引

判竹上皆無以字卷四卷十二卷十七卷二十四穀下尚有

者字蓋古本如是今本衍以字奪者字篇韻引同今本乃後

人據今本改集韻引亦無以字

簜大竹筩也从竹昜聲

濤案一切經音義卷十四引作大箭也乃傳寫奪竹字非古本無之

箇竹枚也从竹固聲

濤案六書故引唐本說文曰箇竹枝也今或作个半竹也是古本有重文个字今本奪經典个字或以爲當作介字乃介與个形近相亂並非个爲介之別體也竹枚唐本作竹枝亦與今本不同本書支部支字解云从手持半竹枝从支聲則作枝爲是史記貨殖傳正義引釋名曰竹曰个木曰枚則竹不得爲枚今亦罕聞竹枚之語

又案六書故引晁說之曰大射儀搢三挾一个者矢也亦可

易爲介乎魯次公曰竹生非一故兼个猶艸兼屮林兼木秝
兼禾也說之據籀文亦有介字則當補个籀文箇四字

䈞飲牛筐也从竹豦聲方曰筐圜曰䈞
濤案御覽七百六十器物部引作飼牛筐也蓋古本作飤篇
韻亦皆作飤飼卽飤字之俗筐非飲器今本之誤顯然左傳
隱三年正義引作飯牛筐也飯乃飤字形近而誤左正義䈞
作筥蓋左氏假筥爲䈞孔氏卽用傳注假借字非所據本不
同杜注方曰筐員曰筥正用許書
又案下文篼飲馬器也飲亦飤字之誤方言曰飤馬橐自關
而西謂之裺囊或謂之裺篼或謂之幓篼玉篇云飼馬器也

飼飤飲字之俗

⿱竹朵箠也从竹朵聲

濤案華嚴經音義云檛陟苽切說文曰檛箠也是慧苑所見本有檛字矣古本當爲簻之重文曰或从木从過又一切經音義卷二大槃涅槃經第十二卷云檛又作簻同竹瓜反字體从木過聲所說字體當本說文

笪笞也从竹旦聲

濤案一切經音義卷十八引笪箸也又申之曰箬音若竹皮名也是古本作箬不作笞玉篇云筕篖竹笪又云笪丁但切笞也又丁達切麤蓬篨也顧分二音二義當是六朝時有以

笪擿同音訓爲笞擊者廣雅釋口云笪擊也而許書未必如是玉篇亦不云本說文觀元應所據則知今本乃傳寫之誤

箾以竿擊人也从竹削聲虞舜樂曰箾韶

濤案廣韻四覺引箾以竿擊人又舞者所執蓋古本有一曰舞者所執也七字箾韶左傳作韶箾杜注象箾曰舞所執韶箾字同故杜無注是杜正本許義舜樂名箾韶正謂舞者所執樂器僞孔以爲簫管之簫誤矣陸元朗左傳釋文云韶箾音簫與上文象削音朔異亦惑於僞孔之說

笙十三簧象鳳之身也笙正月之音物生故謂之笙大者謂之巢小者謂之和从竹生聲古者隨作笙

濤案一切經音義卷七引笙生也象物貫地而生也與今本
不同此語見釋名釋音樂恐元應本引釋名傳寫誤爲說文
非古本如是也初學記樂部引十三簧上有有字象鳳之身
作象鳳之聲在故謂之笙句下葢古本如是

筒通簫也从竹同聲

濤案一切經音義卷二引作無底簫也葢古本如是後漢書
章帝紀吹洞簫注引如湻曰洞者通也簫之無底者也洞雖
訓通而古人但云洞簫無云通簫者洞卽筒字之假借許以
無底釋筒正與如湻義合

管如篪六孔十二月之音物開地牙故謂之管从竹官聲琯

古者玉琯以玉舜之時西王母來獻其白琯前零陵文學姓奚於伶道舜祠下得笙玉琯以玉作音故神人以和鳳皇來儀也从玉官聲

濤案文選月賦注引管十二月位在北方是古本尚有位在北方四字餘則崇賢櫽括節引非所據本不同也

又案類聚四十四樂部引作得笙白玉管是古本玉上有白字管當作琯

笛七孔筩也从竹由聲羌笛三孔

濤案初學記卷十五樂部一切經音義卷十六皆引作七孔籥也蓋古本如是文選長笛賦注引云笛七孔長一尺四寸

今人長笛是也是古本龠也下有長一尺四寸五字風俗通亦云長尺四寸應氏卒本許書也崇賢所引節去龠也二字非所據本不同今人以下則注家語矣北堂書鈔引作七孔角角乃筩字傳寫之誤葢淺人據今本改

筑 以竹曲五弦之樂也从竹从巩巩持之也竹亦聲

濤案文選吳都賦注引筑似箏五弦之樂也葢古本如此今本似字誤以又以箏字分爲竹曲二字譌謬之甚後漢書延篤傳注引筑五弦之樂也乃章懷節引非所見本無似箏二字廣韻一屋引作以竹爲五弦之樂也亦誤

箏 鼓弦竹身樂也从竹爭聲

濤案御覽五百七十六樂部引竹身作筑身蓋古本如是上文云筑似箏此云箏筑身正互訓之例風俗通曰箏謹按禮樂記五弦筑身也此樂記蓋漢時博士所撰非小戴之樂記乃許君所本今本作鼓弦竹身謬誤之甚

篍 吹筩也从竹秋聲

濤案龍龕手鑑引筩作簫乃傳寫之誤

簺 行棊相塞謂之簺从竹从塞塞亦聲

濤案後漢書梁冀傳注引行棊相塞故謂之簺廣韻十九代引行棊相塞故曰簺也是古本塞下有故字白帖三十三引行棊相塞之塞乃傳寫奪故謂二字

簙局戲也六箸十二棊也从竹博聲古者烏胄作簙

濤案六箸一切經音義卷二引作六箭卷八卷二十五仍引作箸乃後人據今本改華嚴經音義卷五十九引作六簙蓋古本當作箭韓非篇博箭招魂作箸作簙皆傳寫之誤烏胄元應書各卷類聚七十四巧藝部皆作烏曹此語本出世本廣韻十九鐸文選博奕論注引世本皆作烏曹則今本作胄者誤御覽文百六十九道部路史國名紀引胡曹作衣路史後記五注引胡曹作冕胡曹其即烏曹與

䉸雉射所蔽者也从竹嚴聲

濤案漢書元帝紀注晉灼引許慎云嚴弋射者所蔽也是古

本者字在所字上應乙正嚴字作嚴乃用正文中省假字

筭 長六寸計歷數者从竹从弄言常弄乃不誤也

濤案六書故引蜀本說文曰筭古文示祘並古文此三字重文當是陽冰所廣非許氏原文

笑

濤案大徐本曰此字本闕臣鉉等案孫愐唐韻引說文云喜也从竹从犬而不述其義今俗皆从犬

又案李陽冰刊定說文从竹从夭義云竹得風其體夭屈如人之笑未知其審段先生曰攷孫愐唐韻序云仍篆隸石經勒石正體幸不譏煩蓋唐韻每字皆勒說文篆體此字之从

竹犬孫親見其然是以唐人無不从犬作者干祿字書云咲通笑五經文字亦作笑喜也从竹下犬玉篇竹部亦作笑廣韻因唐韻之舊亦作笑此本無可疑者自唐元度九經字樣始先笑後笑引楊承慶字統異說云从竹从夭竹爲樂器君子樂然後笑字統每與說文乖異蓋陽氏求从犬之故不得是用改夭形聲唐氏從之李陽冰遂云竹得風其體夭屈如人之笑自後徐楚金鉉此篆鼎臣竟改笑作笑而集韻類篇反有笑無笑宋以後經籍無笑字矣濤謂九經字樣引字統而不引說文則元度所見說文亦从犬不从夭特唐氏从楊而異許爲無識耳六徐竟據當塗以改許書尤爲謬妄此字

當據孫愐張參所引以復古本之舊

補 第

濤案詩周南詁訓第一正義引說文云第次也字从竹弟則古本有第字非弟字之別

又案弟部弟韋束之次第也是次弟不作第矣豊部豑爵之次弟也其字从豊弟則从竹弟者疑爲編簡之次弟今但訓爲次恐有奪誤

補 ⿱竹公

濤案北戶錄引長節謂之⿱竹公注曰音鍾是古本有⿱竹公篆今奪

玉篇⿱竹公長節竹也之恭切

丌部

巽具也从丌㔾聲𢀩古文巽𢁁篆文巽

濤案汗簡卷上之二引說文篆體作𢁁葢古本古文如此著

如今本則與篆文無別矣

左部

差貳也差不相值也从左从𠂹𢀡籒文差从二

濤案九經字樣作不相值也是古本無差字今本誤衍

巫部

巫祝也女能事無形以舞降神者也象人兩褎舞形與工同

意古者巫咸初作巫凡巫之屬皆从巫𡗗古文巫

濤案一切經音義卷十六御覽卷七百三十四方術部引降神下皆無者字是今本誤衍

又案汗簡卷上之二云𢍰巫𢍰亦巫並說文然則古本古文有二形矣今本誤奪其一而篆亦微有不同

覡能齋肅事神明也在男曰覡在女曰巫从巫从見

濤案一切經音義卷三引作在男曰巫在女曰覡玉篇巫字注亦云男曰巫女曰覡覡字注云女巫也與元應所據本同然歷攷傳注皆云在女曰巫在男曰覡本書巫字注云女能事無形以舞降神則許君必不云在女曰覡元應書恐傳寫互倒耳

甘部

猒飽也从甘从肰猒猒或从㠯

濤案文選琴賦注引猒從甘肉犬會意字也葢古本如是今本作从肰又刪去會意二字誤矣

曰部

曰詞也从口乙聲亦象口氣出也凡曰之屬皆从曰

濤案皇侃論語義疏卷一引開口吐舌謂之爲曰與今本不同義亦不可解疑當作象開口吐舌之形葢古本亦有如是作者

又案孝經釋文云曰語詞也从乙在口上乙象氣人將發語

口上有氣故曰字鈌上也元朗雖不引說文疑是庾氏注中語

𣈆告也从曰从冊冊亦聲

濤案玉篇云𣈆籀文𣈆是古本尚有重文字而今本奪之

乃部

乃曳詞之難也象气之出難凡乃之屬皆从乃𢀳古文乃𢎘籀文乃

濤案華嚴經音義卷十一引曰乃語詞也攷春秋公羊定十五年傳曰而者何難也乃者何難也曷爲或言而或言乃乃難乎而也則乃實爲曳詞之難恐慧苑書傳寫有誤非古本

如是也玉篇引同今本可證

𠧪 驚聲也从乃省卤聲籀文𠧪不省或曰𠧪往也讀若仍𠧪

古文𠧪

濤案一切經音義卷八云汝迺奴改反亦乃字也說文乃往也元應所偁許書字當作迺卽𠧪字之別體今作乃乃傳寫之誤非古本作乃也音義十三引同今本可證

丂部

寧 願詞也从丂寍聲

濤案止觀輔行傳第一之二引願辭也下有亦豈也三字蓋古本一日以下之奪文

可部

補 叵

濤案此字今在新附然許君序云雖叵復見遠流則本書應

有此字說解當如徐氏所列吳氏穎芳曰反其可義與乏同

側短言叵長言不可

喜部

喜樂也从壴从口凡喜之屬皆从喜歖古文喜从欠與歡同

濤案御覽　部引不言而說曰喜盖古本樂也下有

此六字

壴部

壴陳樂立而上見也从屮从豆凡壴之屬皆从壴

濤案廣韻十遇引作陳樂也無立而上見四字葢古本如此玉篇亦云壴陳樂也當本許書立而上見也五字疑在从屮从豆之下屮有上出之形豆有侸立之義今本殆爲二徐所妄乙

又案龍龕手鑑引壴陳器也器乃樂字傳寫之誤而亦無立而上見四字與篇韻同

鼓部

鼓郭也春分之音萬物郭皮甲而出故謂之鼓从壴支象其手擊之也周禮六鼓靁鼓八面靈鼓六面路鼓四面鼖鼓皋鼓

音鼓皆兩面凡鼓之屬皆从鼓𡔷籀文鼓从古聲

濤案廣韻十姥引鼓作皷云亦作鼓似陸氏所據本皷爲正字鼓爲重文郭忠恕佩觿曰鼓从屮从支从皮者皆非也段先生曰弓部弢下云从弓从屮又屮垂飾與鼓同意則鼓之从屮憭然矣凡作鼓作皷作鼔者皆誤皐鼓當从廣韻作鼛

鼓

豈部

𧯷 𧯷也訖事之樂也从豈幾聲

濤案尒疋釋詁釋文引𧯷摩也葢古本一日以下之奪文

豆部

豆古食肉器也从口象形凡豆之屬皆从豆𣅫古文豆梪

木豆謂之梪从木豆

濤案玉篇豆部云豈古文梪同上是梪乃豆之或體今本分

爲二字誤

豊部

豊行禮之器也从豆象形凡豊之屬皆从豊讀與禮同

濤案九經字樣云豊音禮从冊从豆郭忠恕佩觿云說文豊

从凷不从冊云从冊者出林罕字源是唐本說文豊字有从

冊者乃林氏之謬說也以豊字例之自以从凵丰聲爲正說

見下豐部豐字

豐部

豐豆之豐滿者也从豆象形一曰鄉飲酒有豐矦者凡豐之屬皆从豐𧯛古文豐

濤案六書故云从豆从山𡴀聲蜀本曰丰聲山取其高大益古本如此此乃形聲字非象形字也阮相國師曰說文此卷豐豊二字注皆被後人刪改其義久晦說文曰豐豆之豐滿者也从豆象形此誤矣當云豐豆之豐滿者也从豆从山象形𡴀聲說文曰豊行禮之器也从豆象形此亦誤矣當云豊行禮之器也从豆凵象形𡴀聲二徐尚不知𡴀之爲聲更宜不知𡴀之爲聲因而刪改耳何以明𡴀之爲聲丰字古拜切

古音與豐字同一部詩三百篇古韻朗然可按丰字雖未見於詩而害字从丰得聲如泉水三章二子乘舟二章蕩八章閟宮五章其用韻之處皆與上聲禮體澧鱧最近則豐字从丰得聲也明矣不特此也耒部次丰部許云从木推丰元謂此下亦當有丰亦聲三字徐氏不知而刪之耳耒與豐亦同部相近也吾師此論與唐本合段先生疑■曳並丰說文無字安知非亦二徐所刪乎

又案儀禮大射儀注云豐以承尊也其爲字从豆曲聲近似豆大而卑矣鄭君禮注每引說文此語當亦本說文是漢時說文本作从豆曲聲與唐本不同然許書亦無曲字賈公彥

以曲下著豆爲豐年之豐以曲爲承爵之曲其說甚野與鄭注不合韻會引說文从豆下有从曲二字葢據小徐本亦不云曲聲疑鄭注本亦作从豆从山𡴀聲與唐本同賈氏作疏時傳寫譌作曲聲求之不得其故遂刱爲諸經皆以承尊爵之曲不用本字而用豐年之豐故鄭還依豐字解之之說若康成之以誤傳誤者程徵士瑤田曰𡴀从丰而再疊其文本豐丰字言丰之多也丰之貴者穀故謂歲熟穀多爲豐年从豆者承尊之器故鄭氏以爲近似豆大而卑是取形於豆而取聲於曲當作取聲於𡴀後世豐年字通用豐而𡴀之本字遂失矣其說與賈氏正相反而與許鄭皆相合其並冉之字爲二徐

妄刪尤可證矣韻會云丰說文本作丯是小徐本有丯字

又案御覽七百六十二器物部引豐爼豆貴豐厚也則今本

豆之豐滿句亦有誤又文選劉越石答盧諶詩注引豐滿也

非崇賢節引則傳寫有鈌奪矣

又案兄部兢競也从二兄二兄競意从丰聲讀若矜然此字

从二丰二兄則當从丰丰聲不當从丰聲葢二徐所見奪去並

丰之字遂妄改如此

豔 好而長也从豐豐大也盍聲春秋傳曰美而豔

濤案一切經音義卷一引作好而長曰豔美也此傳寫有奪

誤非古本如是好而長曰豔卽豔好而長也古書引說文多

有如是作者美也二字卽引春秋傳而奪其文耳

虍部

虞 騶虞也白虎黑文尾長於身仁獸食自死之肉从虍吳聲

詩曰于嗟乎騶虞

濤案御覽八百九十獸部引之肉下有名曰騶虞有至信之德不食人十二字無仁獸二字蓋古本如是詩毛傳云騶虞義獸也白虎黑文不食生物有至信之德則應之許君正用毛傳今本殆爲二徐所妄節矣

又案廣韻十虞引仁獸二字在白虎之上食自死之肉作不食生物亦與今本不同

虡鐘鼓之柎也飾爲猛獸从虍異象其下足鐻虡或从金豦

虡篆文虡省

濤案後書董卓傳注引作鐘鼓之跗以猛獸爲飾也與玉篇合葢古本如是今本義雖得通而非許書眞面目矣光武紀注仍引作飾爲猛獸疑後人據今本改玉篇鐘鼓作鐘磬乃傳寫之誤

又案北堂書鈔樂部引筍虡縣鐘鼓之器飾猛獸之象於其足又與章懷所據本不同而皆較今本爲勝

虎部

[illegible]白虎也从虎昔省聲讀若鼏

濤案晉書音義七十七引甝白獸也下甘反唐諱虎改爲獸葢古本从甘不从日尔疋釋獸甝白虎釋文云甝字林下甘反又匕狄反文選蕪城賦伏虣藏虎注云虣或爲甝尔疋曰甝白虎甝戶甘反是唐人無不讀甝爲酣雖元朗有匕狄一音而從甘則未之或改徐鍇曰今人多音酣惟曹憲作尔疋音云音覓是楚金就曹憲之音因改甘从日其昔省聲讀若鼏六字疑皆二徐妄竄唐以前無从日之𧆭字也

又案玉篇二字並收皆訓白虎皆不引說文然說文云虦𧆭屬玉篇作甝屬是希馮所見本亦从甘不从日矣

虓 虎鳴也一曰師子从虎九聲

濤案一切經音義卷五引虓怒聲也詩曰闞如虓虎是也卷
十一引虓虎鳴也一曰師子也卷廿三引虓虎鳴也大怒聲
卷廿二引虓虎鳴也一曰師子大怒聲四引不同詩常武傳
虎之自怒虓然後漢書馮緄傳注虓虎怒聲也卓茂傳論注
虓虎怒聲也葢古本當如元應書卷廿三所引大當爲又今
本奪一曰怒聲也五字耳許書當本有稱詩語而今本亦奪

皿部

皿 飲食之用器也象形與豆同意凡皿之屬皆从皿讀若猛
濤案飲食玉篇引作飯食宋小字本亦作飯食然言食即可
該飯古無以飯食並稱者自當作飲爲是御覽七百五十六

器物部引作飲食可見毛本不誤也

盂飯器也从皿于聲

濤案後漢書明帝注御覽七百六十器物部皆引作飲器盂古本如是儀禮既夕禮注杅盛湯漿公羊傳注杅飲水器杅即盂字之假借小徐本亦作飲則今本作飯者誤然一切經音義卷十四廣韻十虞皆引同今本疑古本亦有如是作者義得兩通

盌小盂也从皿夗聲

濤案汗簡卷下之一引說文盌字作[illegible]是古本說文此字有重文古文字今奪

又案瓦部㼝小盂也从瓦夗聲與皿夗之字同聲同訓葢即一字古本當爲盌之重文恕先所引即此二徐別竄於瓦部轉爲複出矣

盛 黍稷在器中以祀者也从皿成聲

齍 黍稷在器以祀者从皿齊聲

濤案御覽七百五十六器物部引盛黍稷在器中也齍黍稷之器以祀者葢古本如是齍爲盛黍稷之器與粢字相通而實不同周禮天官九嬪凡祭祀贊玉齍康成注曰玉齍玉敦也受黍稷器此齍之本字本義又春官大宗伯奉玉齍義亦相同故鄭氏無注（疏云齍謂黍稷誤矣）若甸師以供齍盛大祝五曰齍

號小宗伯辨六齍之名物皆粢之假借故鄭注云齍讀爲粢粢乃秶字之誤禾部䆅稷也从禾齊聲秶䆅或从次粢乃䆅之或體非此之用从皿者爲器盛禾者爲穀部居分別較然可知二徐不明齍䆅二字之分因改之器爲在器而其說遂不可通薛氏鐘鼎欵識有王伯齍又有趩齍齍盞鼎屬

昷仁也从皿从食囚也官溥說

濤案文選顏延年應詔觀北湖田收詩注引温仁也蓋卽昷之假字漢以後人用此字皆假借作温選注葢涉詩誤而誤耳

盥澡手也从臼水臨皿春秋傳曰奉匜沃盥

濤案御覽三百九十五人事部引盥酒面也乃傳寫譌誤非古本如是左氏僖二十三年正義一切經音義卷一卷三卷五卷六卷十二卷十八華嚴經音義皆引同今本可證後漢書劉寬傳注亦引澡手曰盥可見今本不誤

盪 滌器也从皿湯聲

濤案一切經音義十六引無器字乃傳寫偶奪非古本如是

血部

𧖴 气液也从血𦘒聲

濤案文選琴賦注引津液也津卽𧖴之假借乃崇賢節引非古本無气字

衄 鼻出血也从血丑聲

濤案文選吳都賦注引衂折傷也衂卽衄字之別體葢古本一曰以下之奪文

⿱幾血 以血有所刏涂祭也从血幾聲

濤案玉篇刏引作別乃傳寫之誤

卹 憂也从血卩聲一曰鮮少也

濤案華嚴經音義卷六十云卹字說文云憂恤从心卹少从卩不疋通用今按諸書依說文从卩爲勝是慧苑所據本卹字無憂也一訓葢訓憂者本心部之恤經典或假借作卹二徐妄以卹當訓憂遂竄入憂也一訓爲正解轉以鮮少爲一

解古本當不如是也

䘓 羊凝血也从血臽聲⿰贑血䘓或从贑

濤案御覽八百五十九飲食部引羊血曰䘓盞傳寫奪一凝字非古本如是玉篇亦云羊凝血

丹部

丹 巴越之赤石也象采丹井丶象丹形凡丹之屬皆从丹 𠁿 古文丹 彬 亦古文丹

濤案五經文字上作外象采形內象丹形蓋古本如是今本義亦可通御覽九百八十五藥部引無巴字乃傳寫偶奪耳又案汗簡卷上之二引說文作𠁿疑古本古文篆體無內一點也汗簡又以彬字（與形字畧同）爲出義雲章則古本無此重文

臒 善丹也从丹蒦聲周書曰惟其敗丹臒讀若隺

濤案書倖材釋文引作讀與靃同蓋古本如是雔部靃音呼

郭切與䉶字烏郭之音正同H部雀音胡沃切則不得與䉶

同讀矣

又案玉篇引善作美義得兩通

青部

青東方色也木生火从生丹丹青之信言必然凡青之屬皆

从青𡴑古文青

濤案止觀輔行傳宏決五之一引青者美色也疑傳寫有誤

未必古文如是

文案汗簡卷上之二𡴑青𡴑一本作此字一本者說文之一

本也是古本篆體亦有如是作者

井部

井 八家一井象構韓形・罋之象也古者伯益初作井凡井之屬皆从井

濤案初學記七地部引八家爲井象構幹形又一引仍作八家一井則作爲井者誤也御覽百八十九居處部引作八家一井可證構韓古本葢作構幹

阱 陷也从𨸏从井井亦聲穽阱或从穴汬古文阱从水

濤案一切經音義卷一卷二卷十七十八十九廿四皆引穽大陷也是古本有大字今奪

又案汗簡卷上之二引說文阱字作汬葢古本篆體从臥水

不从立水也

㓝罰辠也从井从刃易曰井法也井亦聲

濤案初學記二十人部引荆刀守井也飲之人入井陷於川刀守之割其情也又解云井飲人人樂之不已則自陷於川故加刀謂之荆欲人畏愼以全命也此與一切經音義卷二十所引春秋元命包相合彼曰荆字从刀从井井以飲人人入井爭水陷於泉以刀守之割其情欲人畏愼以全命也視此文加詳疑此尙有奪誤許君解字多用緯書說如黍可爲酒禾入水也狗之爲言叩也皆見　今本乃後人妄改韻會九青引同初學記則小徐本尙不誤也

鬯部

鬱芳艸也十葉爲貫百廿貫築以煮之爲鬱从臼冂缶鬯彡其飾也一曰鬱鬯百艸之華遠方鬱人所貢芳艸合釀之以降神鬱今鬱林郡也

濤案藝文類聚八十一艸部引鬱金芳草也是古本芳艸上有金字連篆文鬱字讀淺人不知而妄刪之所貢芳艸作所貢芳物芳當作方言百艸之華鬱人所貢方物耳方誤爲芳淺人遂改物爲艸誤甚御覽九百八十一香部引爲鬱作爲鬯亦古本如是陳徵君曰鬱芳草名築煮鬱乃有鬯名周禮肆師先鄭注築煮香艸爲鬯許所本也又合釀之以降神作

一合而釀之以降裸也詞氣亦較完備芳艸也作香艸也義得兩通類聚築作采乃傳寫之誤周禮肆師注云築鬱艸煮之鬱人注云築鬱金煮之以和鬯酒則作築爲是

䰞黑黍也一稃二米以釀也从鬯矩聲秬䰞或从禾

濤案御覽八百四十二百穀部引作所以釀鬯也蓋古本如是今本奪所鬯二字語頗不詞初學記二十七花草部亦作所以釀鬯

又案尒疋釋艸釋文云秬音巨說文作䰞或作粔字是古本重文从米不从禾今二徐改爲从禾大徐轉以从米者入新附誤矣

食部

𩜹 滫飯也从食𠦬聲饙𩜹或从賁餴𩜹或从奔

濤案尒疋釋言釋文引作脩飯也御覽八百五十飲食部引作餈飯也說文無餈字餈即脩字之别滫又餈字之誤古本當作脩郭注尒疋云餈飯爲饙餈飯猶今人言煮飯耳今本作滫非此之用盧學士據許書以改釋文甚誤

又案詩泂酌正義引饙一蒸米也釋文引作字書是孔氏所據本與陸氏不同

餾 飯气蒸也从食畱聲

濤案詩泂酌正義引作飯氣流也蓋古本如是尒疋釋言饙

原書第五葉爲白葉。

餾稔也注云今呼餐飯爲饋饋均熟爲餾詩正義引孫炎曰蒸之曰饋均之曰餾飯將熟則气流今本作蒸者誤御覽八百五十飯食部引同今本疑後人據今本改

飴 米糱煎也从食台聲籀文飴从異省

濤案一切經音義卷二十引無煎字蓋傳寫偶奪卷十七引同今本可證

餳 飴和饊者也从食昜聲

濤案一切經音義卷四引作米糱煎也卷十三引以飴和饊曰餳米糱煎乃飴字之訓且元應書卷十七二十皆引爲飴字之解不應于此獨異上文引方言曰凡飴謂之餳因相涉

八百四十九飲食部皆引同今本疑後人據今本改卷廿二
引有備字奪飲字廿三有飲字奪備字

飤糧也从人食

濤案一切經音義卷二引飤糧也从人仰食也謂之以食供
設與人也故字从食从人意也蓋古本作从人仰食此與伐
字从人持戈亢字从人出冂一例二徐刪去仰字妄矣謂字
以下十六字乃庾氏注中語

飧餔也从夕食

濤案詩伐檀正義引作水澆飯也蓋古本有一曰水澆飯也
六字今奪飧从夕食餔是正義左氏僖二十三年傳釋文引

同今本故知詩疏所引爲一解耳

又案釋名釋飯食曰飧散也投水於中解散也此卽水澆飯之義禮記王藻正義曰飧謂飲澆飯於器中伐檀釋文引字林亦如此蓋吕本許義列子說符篇注亦云飧水澆飯也

又案詩義正又申之曰言人旦則食飯飯不可停故夕則食飧當是庾氏注中語

餔 日加申時食也从食甫聲𩚳籀文餔从皿浦聲

濤案廣韻十一模引無日加二字乃陸孫節引非古本如是御覽八百四十九引飲食部所引有此二字可證後漢書王符傳注引餔謂日加申時也乃傳寫奪一食字

⿰食兼 嗛也从食兼聲讀若風溓溓一曰廉潔也

濤案嗛玉篇引作饑乃傳寫之誤嗛為小食見口部國語嗛嗛之食卽此字之假借也

饟 周人謂餉曰饟从食襄聲

餉 饟也从食向聲

濤案一切經音義卷四云說文餉或作饟饋餉也卷十三引云餉饋也葢古本餉饟為一字今本則分為二字誤也漢書食貨志注饟古餉字嚴助傳注云餉亦饟字詩良耜其饟伊黍禮記郊特牲注作其餉伊黍尒疋釋詁云饟饋也漢書高帝紀注云餉饋也本部饋字解云餉也詩毛傳饋饟也正許君所本其餉饟同字可知餉饋互訓

此解當作周人謂饋曰饟餉字下當作字或从向二徐分爲二字遂改饋爲餉又以饟訓餉其謬甚矣

飽 猒也从食包聲𩜓古文飽从采𩚸亦古文飽从卯聲

濤案汗簡卷上之二引說文飽字作𩜓蓋古本篆體如此今本傳寫微誤

饒 飽也从食堯聲

濤案文選王粲從軍詩注引作餘也蓋古本如是下文餘饒也饒餘互訓足證今本作飽之誤

餞 送去也从食戔聲詩曰顯父餞之

濤案左氏成八年傳釋文御覽八百四十九飲食部皆引餞

送去食葢古本有食字詩大雅傳曰祖而舍軷飲酒於其側
曰餞食字必不可少詩崧高釋文引字林亦云送去食也葢
本說文一切經音義十五引同今本乃後人據今本改

館客舍也从食官聲周禮五十里有市市有館館有積以待
朝聘之客

濤案一切經音義卷五引周禮五十里有候館葢古本館上
有候字與周禮合今本傳寫誤奪元應書無有市市三字乃
檃括節引耳御覽百九十四居處部引奪舍字

饕貪也从食號聲叨饕或从口刀聲饕籀文饕从號省

濤案一切經音義十八云叨說文此俗饕字也是古本不以

爲或體小徐本亦作俗饕

餮 貪也从食殄省聲春秋傳曰謂之饕餮

濤案一切經音義卷四卷二十引餮貪卷四貪上有亦字又貪財曰饕貪食曰餮也葢古本有一曰貪財曰饕貪食曰餮十字貪財云云見左氏文十九年傳注正義引賈逵注亦如此許君葢受之賈侍中也玉篇云饕貪財也餮貪食也其本許氏之一解與元應書卷二十一亦引此二句

餧 飢也从食委聲一曰魚敗曰餧

濤案論語鄉黨釋文云餧奴罪反說文云魚敗曰餧本又作鯘字書同尔疋釋器文云餧奴罪反說文魚敗曰餧字書作

餧華嚴經音義卷十三云餧奴罪反說文曰餧餓也字从食妥聲經本有从食邊委者於僞切此乃餧飤之字據此則古本說文飢餧字从妥不从委矣張參五經文字云餧奴罪反經典相承別作餒爲飢餧字以此字爲餧餉之餧字書無文似張氏所見說文已同今本作餧不作餒矣元朗作經典釋文在隋時張司業作五經文字在唐之中葉說文傳寫謬誤已非一日慧苑生於唐末杜牧集有敦煌郡僧正慧菀除臨壇大德制即其人也改服緇流而所據本與陸氏正同遠勝於國子師之從俗謬誤所謂禮失而求諸野也

又案一切經音義卷二大般涅槃經第二卷云飲餧說文作

萎同於僞反是元應所據說文本無餧字

餟 祭酹也从食叕聲

濤案史記孝武本紀索隱引酹作酎蓋傳寫之誤酉部酎爲三重酒非此之用後漢書循吏王渙傳注引正同今本惟餟字从別體作醊一切經音義卷十五引作酹祭蓋傳寫誤倒

䬴 食馬穀也从食末聲

濤案漢廣釋文言秣說文云食馬穀也許書無秣字蓋說文下傳寫奪作䬴二字雲漢釋文云不秣音末穀馬也說文作䬴左氏僖三十三年釋文云秣馬說文作䬴云食馬穀也可證

補餽

濤案御覽八百五十三飲食部引餽豆飴也廣韻十月餽同

餈玉篇餽飴和豆也餈同上是古本有餽篆

亼部

舍市居曰舍从亼屮象屋也口象築也

濤案御覽　部引作市居曰稅舍蓋古本如是

周禮廛人掌斂廛布注引廛布者貨賄諸物邸舍之稅則稅

字不可少

會部

㫷日月合宿爲辰从會从辰辰亦聲

濤案廣韻十四泰引䈜辰作爲譮葢古本如是今本作辰者誤玉篇辰日月會也今作辰辰葢譮字之省假矣

倉部

倉 穀藏也倉黃取而藏之故謂之倉从食省口象倉形凡倉之屬皆从倉仺奇字倉

濤案汗簡卷上之一引作𠋫葢古本篆體如此集韻創古劏此𠋫爲倉字古文之證

又案取而藏之御覽百九十居處部引作收而藏之葢古本如是

牄 鳥獸來食聲也从倉爿聲虞書曰鳥獸牄牄

濤案書盒稷釋文來食引作求食乃傳寫形近而誤非古本如是也牄牄今書蹌蹌正義引鄭注云飛鳥走獸蹌蹌然而舞蓋鄭讀牄爲蹌故與許異而許云來食聲則仍有聞韶飛舞之意若云求食聲則與韶樂之九成何與乎

入部

完也从入从工全篆文仝从王純玉曰全𠓝古文仝

濤案五經文字云全从亼下工或作仝訛則是張氏所見說文本从亼不从入矣蓋二徐誤從訛本遂改入入部

缶部

瓦器所以盛酒漿秦人鼓之以節謌象形凡缶之屬皆从

缶

濤案史記李斯傳索隱文選李斯上書注節謌皆引作節樂

盎古本如是今本作謌者誤

匋 瓦器也从缶包省聲古者昆吾作匋案史篇讀與缶同

濤案詩緜正義引作瓦器竈也正義用詩字作陶乃通假字 盎古本如是

史記鄒陽傳索隱云韋昭曰陶燒瓦之竈竈字不可少

罌 缶也从缶賏聲

濤案御覽七百八十五器物部引罌甀也注云說文亦作缶

甀即罌字之別下文甀小口罌也是古本罌甀互訓其云亦

作缶則與今本同矣

罋汲缾也从缶雝聲

濤案御覽七百五十八器物部引甕罌也又引罋壅也汲缾也壅乃罌字傳寫之誤然則今本奪罌也二字史記李斯傳索隱引作汲鉼也鉼亦瓶字傳寫之誤

又案易井釋文云甕說云作罋汲瓶也是古本有偁易語而今本奪之

罃備火長頸瓶也从缶熒省聲

濤案一切經音義卷五引無備火二字蓋古本如是長頸瓶不必盡備火之用也又有或謂之儋四字今本亦奪漢書注又引作今之長頸瓶也今之二字亦屬誤衍

缺器破也从缶決省聲

濤案六書故引唐本作夬聲則作決省聲者二徐妄改也決亦从夬得聲何必云決省乎

罅裂也从缶虖聲缶燒善裂也

濤案一切經音義卷九卷十四卷十五引罅裂也坼也是古本有一曰坼也四字

罄器中空也从缶殸聲古文磬字詩云缾之罄矣

濤案尔疋釋詁釋文引作器中盡也葢古本如是尔疋及毛詩傳皆云罄盡也則作空者誤

補

[illegible]

濤案後漢書孔融傳注引說文云瓵缶也是古本有瓵篆今奪玉篇以瓵爲缶之重文

矢部

矦 春饗所射矦也从人从厂象張布矢在其下天子射熊虎豹服猛也諸矦射熊豕虎大夫射麋麋惑也士射鹿豕爲田除害也其祝曰毋若不寍矦不朝于王所故伉而射汝也𥎦古文矦

濤案九經字樣張布下有形字葢古本如是从厂者象張布之形非呼旱切之厂字也此字必不可少廣韻十九矦引作象張布之狀

冂部

冂 邑外謂之郊郊外謂之野野外謂之林林外謂之冂象遠界也凡冂之屬皆从冂冋古文冂从口象國邑坰冋或从土

濤案汗簡卷上之二引說文坰字从冋蓋古本古文篆體如此若今本則是从冂非从冂矣

市 買賣所之也市有垣从冂从乁乁古文及象物相及也之省聲

濤案御覽百九十一居處部引所買賣之所也蓋古本如是所者居也處也買賣之所猶言買賣之居今本傳寫誤倒八百二十七資產部又引作買賣所也乃傳寫奪一之字廣韻

六止引同今本疑後據今本改

冘淫淫行皃从人出冂

濤案後漢書來歙傳注引冘冘行皃也音淫馬援傳注冘行皃也義見說文葢古本作冘冘行皃淺人不知篆文連注讀以冘行皃爲不詞遂妄改作淫淫玉篇別出冘部云冘冘行皃而冂部引說文與今本同其爲後人據二徐本妄增無疑

隺高至也从隹上欲出冂易曰夫乾隺然

濤案易乾繫辭釋文確字兩引說文云高至許書無確字葢元朗所見周易本作隺不作確故不云說文作隺非古本有確篆也

𩫖部

𩫖度也民所度居也从回象城𩫖之重兩亭相對也或但从口凡𩫖之屬皆从𩫖

濤案廣韻十九鐸郭字注云案說文作𩫖爲居𩫖作郭郭氏也郭氏之訓見邑部此解無居𩫖之語蓋陸氏檃括大意非古本如是

𩫨鈌也古者城闕其南方謂之𩫨从𩫖鈌省讀若拔物爲抉引也

濤案六書故引唐本曰夬聲蓋古本如此繫傳亦云夬聲與唐本合此小徐本之勝於大徐也

又案六書故云徐本曰缺省聲則今大徐本尙奪一聲字夬本有決音決缺等字皆從之得聲大徐疑夬非聲改爲缺省聲妄矣缶部缺字唐本亦从夬聲

京部

京人所爲絕高丘也从高省丨象高形凡京之屬皆从京

濤案六書故云蓋从高省巾聲蜀本亦曰巾聲京从巾聲無義蜀本不可從

又案九經字樣云京人所居高邱也是古本作居不作爲絕字或元度所節

亯部

稟賜穀也从亩从禾

濤案一切經音義十一十四十五十八引皆無穀字而後漢書光武紀注引有之此字从禾當以有穀字爲是元應書非傳寫偶奪即有所節取古本當不如是

嗇部

嗇愛濇也从來从亩來者亩而藏之故田夫謂之嗇夫凡嗇之屬皆从嗇嗇古文嗇从田

濤案六書故云古文牆旁嗇从秝當以秝爲聲蜀本說文曰一說从棘省聲蜀本說文葢即李陽冰廣說文也从二禾者爲籒文戴氏云古文者未知何據从棘省聲之說恐亦當塗

肌說耳
又案廣韻二十四職引嗇作𤻲又从來亩下有來麥也三字
蓋古本有之今奪

牆 垣蔽也从嗇爿聲𤖨籀文从二禾𤗱籀文亦从二來
濤案御覽百八十七居處部引作垣蔽曰牆蓋古本亦有如
是作者玉篇云𤖨籀文𤗱古文則从二來者非籀文也
又案華嚴經音義卷八云牆字籀文隸文皆爲嗇與今本籀
文不同左氏僖公二十三年傳狄人伐嗇咎如漢書鄒陽傳牽帷嗇
之制唐石經春秋左氏傳寺人惠牆初刻作惠嗇玉篇亦云
嗇同上疑嗇亦說文之或體爲二徐妄刪而漢唐碑碣亦皆

作廧從無作嗇者嗇當爲廧字傳寫之誤

來部

來周所受瑞麥來麰一來二縫象芒朿之形天所來也故謂行來之來詩曰詒我來麰凡來之屬皆从來

濤案一來二縫詩思文正義引作一麥二夆御覽八百三十八百穀部引作一麥二縫葢古本作一麥二夆廣韻十六咍引埤倉曰秾麰之麥一麥二稃正用許說今本來字誤象芒朿之形御覽引作象其芒朿之形葢亦古本如是

又案詩思文正義引來周受來麰也是古本麰下有也字詩正義無所瑞麥三字乃仲遠節引之例非古本無也廣韻引

埤倉亦云周受此瑞麥

麥部

麥 芒穀秋穜厚薶故謂之麥麥金也金王而生火王而死从來有穗者从夊凡麥之屬皆从麥

濤案九經字樣云麥芒穀也來麰之麥自天而來故从來其下从夊行來之皃也則今本奪誤殊甚臣鉉等曰夊足也周受瑞麥來麰如行來故从夊二徐刪去許說攘爲已有亦可怪矣

又案齊民要術卷二引芒穀作芸穀乃傳寫之誤

麰 來麰麥也从麥牟聲䴏麰或从艸

濤案齊民要術卷十引麰周所受瑞麥來麰也初學記二十七花艸部御覽八百三十八百穀部引同葢古本如是今本奪周所受三字又衍麥字皆誤御覽又有一麥二縫象其芒刺之形天所來也則所引乃來字之解矣

麩 小麥屑皮也从麥夫聲䴸麩或从甫

濤案御覽八百五十三飲食部引作小麥皮屑葢傳寫誤倒麵爲小麥屑之覈御覽引無之字麩爲小麥屑之皮今人猶言麩皮玉篇亦云麩麥皮也

麮 麥甘鬻也从麥去聲

濤案御覽八百三十八百穀部引無麥字葢傳寫偶奪八百

五十九飲食部引同今本可證

補 麳

濤案本書米部䊮𪌳也是麥部有𪌳字本部麳麥末也玉篇云麥𪌳𪌳古本亦作麥𪌳二徐奪去𪌳字遂改作末

夊部

致 送詣也从夊至聲

濤案文選東京賦注引致送也乃崇賢節取送字之解非古本無詣字也

竷 繇也舞也樂有章从章从夅从夊詩曰竷竷舞我

濤案詩伐木釋文云坎坎如字說文作竷音同云舞曲也是

古本舞下有曲字舞曲卽樂章故从章舞我當从韻會作鼓我元朗不云說文作舞可證也

畟 治稼畟畟進也从田从人从夊詩曰畟畟良耜

濤案五經文字作从田从儿葢古本如是儿奇字人也

㚇 斂足也䧿鵙醜其飛也㚇从夊兇聲

濤案五經文字作鳥斂足葢古本有鳥字玉篇㚇飛而斂足也

舛部

舝 車軸耑鍵也兩穿相背从舛䍃省聲古文偰字

濤案史記天官書正義引作兩相穿背乃傳寫誤倒非古本

如是

又案五經文字䇂以萬省是古本無聲字

舜部

舜艸也楚謂之葍秦謂之藑蔓地連華象形从舛舛亦聲凡舜之屬皆从舜䑞古文舜

濤案宋本釋艸釋文云葍方服反說文云亦名舜楚謂之葍秦謂之藑蔓地生而連花是古本蔓地下有生而二字今奪藑作蕢乃傳寫之誤亦名舜三字則元朗檃括之語也廣韻四十九宥引葍作䔰艸部葍䔰也義得兩通

韋部

韠 韍也所以蔽前以韋下廣二尺上廣一尺其頸五寸一命縕韠再命赤韠从韋畢聲

濤案廣韻五質引韍作紱即韍字之俗又引無以韋二字葢古本如是今本誤衍

韜 劒衣也从韋舀聲

濤案初學記二十二武部御覽三百四十二兵部劒上引韜謂之衣亦曰襓有小字注曰襓音遶此乃修書者檃括引之即所謂劒衣也許書無襓字禮記少儀曰劒則啟櫝葢襲之加夫襓與劒焉注曰夫襓劒衣夫或爲煩皆發聲然則襓即韜字亦曰襓者疑古本此字重文作襓

韝 射臂決也从韋冓聲

濤案文選李少卿答蘇武書注引韝臂衣也蓋古本如是周禮繕人注曰韝扞著左臂裹以韋爲之漢書東方傳注引韋昭曰韝形如射韝以縛左右手於事便也是韝爲臂衣之明證今本乃涉下韘字之解而誤決著右手大指今曰臂決義不可通

又案御覽三百五十兵部引韝射臂捍也臂捍卽臂決與今本不同而其誤一也

韓 井垣也从韋取其帀也倝聲

濤案史記孝武本紀索隱引垣作橋乃傳寫有誤莊子秋水

篇釋文引司馬彪云井榦井闌也崔譔云井以四邊爲榦猶築之有楨榦榦卽韓字之別體是當作垣不當作橋橋乃桔槔非此之用

弟部

弟 韋束之次弟也从古字之象凡弟之屬皆从弟 弟 古文弟从古文韋省丿聲

濤案五經文字弟从韋省象圍而次弟之形蓋古本如是今本譌奪殊甚

罤 周人謂兄曰罤从弟从眔

濤案一切經音義卷八引曰作爲義得兩通

夊部

夃 秦以市買多得爲夃从乃从夊益至也詩曰我夃酌彼金罍

濤案玉篇引云秦以市買多得爲夃論語曰求善價而夃諸是古本說文此注引論語不引詩說文偁詩毛氏今毛詩作姑不作夃傳曰姑且也無益至之義惟毛詩卷耳釋文云姑說文作夃云秦以市價多得爲夃是元朗所見說文已引詩不引論語矣此六朝本之所以勝於唐本也夃古夃買正字經典皆假沽木字爲之

卷五

三

說文古本攷第六卷上　　嘉興沈濤纂

木部

木 冒也冒地而生東方之行从中下象其根凡木之屬皆从木

濤案五經文字引作下象根形是古本根下有形字又五行大義釋五行名引木下有者字冒上有言字从上有字字皆引書者以意貫屬之非古本如是惟生作出根下有也字則蕭氏所據今本不同也

柚 條也似橙而酢从木由聲夏書曰厥包橘柚

濤案齊民要術卷十引作似橙實酢葢古本如是爾雅釋木

注似橙實酢正用說文似橙言其木之形酢言其實之味非
謂柚實似橙也下櫨果似棃而酢而亦當作實

棃果名从木𥝢聲𥝢古文利

濤案初學記二十八果木部引棃果也以下文杏果也柰果
也李果也桃果也例之則今本作名者誤

梬棗也似柹从木甹聲

濤案文選南都賦注引梬棗似㮕子虛賦注引梬棗似柹而
小名曰㮕而兖切齊民要術四種棗法引云梬棗也似柹而
小一切經音義十一引㮕棗如兖反說文似柹而小也是古
本有㮕篆合諸書所引觀之當云㮕梬棗也从木輭聲似柹

而小樗棗也似梜从木㝵聲二徐本奪去梜篆遂將似梜移
於樗篆之注又刪二小字誤矣
又案子虛賦注云蘇林曰樗音郢都之郢然諸說雖殊而木
一也今依蘇音似崇賢以樗梜爲一字梜或卽樗之重文
⿰木朿赤實果从木朿聲
濤案白帖卷一百　部引作朱實果也義得兩通
杏果也从木可省聲
濤案戴侗六書故引唐本从木从口葢古本如是杏與可聲
甚遠不當从以省聲此二徐之謬六書故又引林罕从嗄省
亦非

又案張編修惠言以爲疑從向省聲可卽向之爛文是以知今本之不可通而曲爲之說知不若從唐本之爲有據也

亲　果實如小栗从木辛聲春秋傳曰女摯不過亲栗

濤案齊民要術四御覽九百七十三果部引榛（卽亲字之假借經典通用榛字）似梓實如小栗是今本奪似梓二字葢亲木似楸梓之梓而實如栗而小也詩鳲鳩釋文引字林云亲似梓實如小栗禮記曲禮釋文榛似梓實如小栗皆本許書爲說是古本有似梓二字

楷　木也孔子冢蓋樹之者从木皆聲

濤案廣韻十四皆引楷木名孔子冢蓋樹也名字當从今本

作也下句古本當如廣韻所引淺人嫌兩也字重因改爲之
耆義不可通廣韻又改也爲名皆非十三駁又同今本作之
者乃後人據今本改

桂 江南木百藥之長从木圭聲

濤案御覽九百五十七木部引桂江南之木百藥之長是今
本南下奪之字

楢 柔木也工官以爲耎輪从木酋聲讀若糗

濤案玉篇引耎輪作輭輪耎輭古今字讀若糗三字玉篇引
無蓋古本此三字在梎篆下後人不明古音妄於梎下刪去
竄入此條顧氏所據六朝本未誤也說詳梎下

檍 杶也从木意聲

濤按爾雅釋木釋文引檍梓屬也今爲⿰木𢡃篆之解段先生曰心部𢡃今作憶艸部⿱艹𢡃今作薏水部⿰氵𢡃今作澺人部⿰亻𢡃今作億然則經典檍字卽說文之⿰木𢡃何疑韻會云說文作⿰木𢡃今文作檍則黃氏所據小徐本未誤也此篆當刪

椶 栟櫚也可作萆从木㚇聲

濤案御覽九百五十九木部引椶一名蒲葵玉篇亦云椶櫚一名蒲葵廣韻同皆本許書爲說是古本有此四字南方艸木狀云蒲葵如栟櫚而柔薄可爲簦笠出龍川蓋栟櫚蒲葵同類異名耳

榛木也从木秦聲一曰菆也

濤案一切經音義卷十引作叢木也卷十一引木叢生曰榛卷十五引叢木曰榛是古本一曰菆也作一曰叢木也廣雅釋木云木叢生曰榛淮南原道訓注云藂木曰榛詩鳲鳩釋文引字林云榛木叢生今本作菆無義蓋叢字隸變作聚見韓勅等碑俗又作藂傳寫奪其下半遂作菆字淺人又刪木字耳

[木尻]山樗也从木尻聲

濤案毛詩艸木蟲魚疏云許慎以栲讀爲糗今人言栲失其聲耳是古本尚有讀若糗三字今奪楢字解有讀若糗語當卽此解之奪文誤竄於彼耳栲卽[木尻]字之別

栒杶也从木筍聲

濤案五經文字曰栒木也與杶同物而異名是古本作木不作杶與杶同物句乃張司業引申之語

栩柔也从木羽聲其實皁一曰樣

濤案柔也廣韻九麌引作杼也柔讀若杼非即杼字許書柔栩互訓玉篇亦作柔也則作杼者誤非古本如是毛氏初刻本宋小字本皆無實字而小徐本有之廣韻所引亦有實字不得謂古本無此字也

榗木也从木晉聲書曰竹箭如榗

濤案玉篇引也字作名以本部通例證之當作也不作名名

字乃傳寫之誤非古本如是

椵木可作牀几从木叚聲讀若賈

濤案御覽九百六十一木部引椵木可作杖机是古本牀作杖小徐本作伏蓋杖字傳寫之誤是小徐本亦作杖也玉篇引亦作牀几蓋後人據今本改

樗木也以其皮裹松脂从木雩聲讀若華檴或作蒦

濤案御覽九百六十木部樓耗條引曰狗杶也蓋即今之臭椿古本或从蒦之下當有一曰狗杶也五字

椴似茱萸出淮南从木殺聲

濤案御覽九百六十木部引出淮南下有揚州有茱萸樹六

字蓋庾氏注中語也

楊木也从木昜聲

濤案埶文類聚八十九木部引楊蒲柳也初學記二十八御覽九百五十七木部所引皆同是古本如是楊訓蒲柳與下文桯河柳皆本爾雅釋木

棏大木可爲鉏柄从木㝵聲

濤案廣韻十八諄引作大木也可以爲鉏柄是古本大木下尙有也字可字下尙有以字今奪

欒木似欄从木䜌聲禮天子樹松諸侯柏大夫欒士楊

濤案御覽九百六十木部引欒木也似木蘭止觀輔行傳九

之三引欒似木欄蓋古本如是今本木似二字誤倒又删木也二字本部無欄字而華嚴經音義所引有之木欄卽木蘭文選子虛賦注郭璞曰木蘭皮辛可食欄正字蘭假借字度韻二十六桓引同今本蓋後人所改

移 棠棣也从木多聲

濤案齊民要術十引棠棣如李而小子如櫻桃是古本有如李而小八字今奪子疑當作實

棣 白棣也从木隶聲

濤案毛詩艸木蟲魚疏云常棣許慎曰白棣樹也如李而小如櫻桃正白今官園種之如李以下不盡許氏語然古本當

不止白棣也三字

榖 楮也从木㱿聲

濤案五經文字槃榖木名上說文下經典相承隸便移木在左是古本篆文木在下矣今本木在左从隸變而誤

梗 山枌榆有朿莢可爲蕪荑者从木更聲

濤案御覽九百五十六木部引作梗山枌榆有刺莢可以爲蕪荑又藝文類聚八十九木部引作榆有刺夾爲蕪荑七字聯屬于榆白枌也之下兩書不同御覽所引完備今本奪以字衍者字若類聚則有所節并非古本原文矣

樵 散木也从木焦聲

濤案一切經音義卷十五引作樵木也亦薪也字从木從焦聲華嚴經卷十三音義引樵薪也疑古本作樵木也一曰薪也二徐妄刪一解又涉柴字下小木散材之訓誤於木上加散字廣韻四宵亦引說文木也可證古本原無散字

松 木也从木公聲𣐆松或从容

濤案初學記二十八木部引松古文榕从木容聲蓋𣐆乃松之古文非或體篇韻松字下皆列𣐆字云古文是唐以前本無不以𣐆爲古文者古讀松如容公羊文二年傳注云松猶容也淺人疑容非聲遂改爲或从容誤矣此如頌額同字

本 木下曰本从木一在其下楍古文

末 木上曰末从一在其上

濤案六書故引唐本本從木從下末從木從上與今本不同然从上从下則篆體當多一橫似未可據也五經文字引同今本

朱 赤心木松柏屬从木一在其中

濤案類聚八十九木部引曰朱松柏屬故類朱赤松也下六字語不可解恐傳寫有誤

株 木根也从木朱聲

濤案華嚴經音義下引株樹根也蓋古本亦有如是作者義得兩通

朴 木皮也从木卜聲

濤案一切經音義卷十五卷十六皆引朴札也蓋古本如是卷十五注中亦列木皮也之訓則於引說文之外是元應所見本不作木皮也明甚矣

枖 木少盛皃从木夭聲詩曰桃之枖枖

濤案廣韻四宵引作木盛皃無少字九經字樣及玉篇同蓋古本無少字詩桃夭釋文引同今本疑後人據今本改

𣡌 眾盛也从木驫聲逸周書曰疑沮事闕

濤案玉篇所引於逸周書曰下有驫字蓋古本有之段先生曰周書文酌解七事三聚疑沮事聚古讀如驟與驫音近驫

疑沮事猶云蓄疑敗謀也淺人不解周書語妄增闕字

標 木杪末也从木㶾聲

濤案文選魏都賦注引標末也無木杪二字疑古本作木末也與下文杪字解同無杪標二字崇賢所引又節去木字耳今本語不可通

杪 木標末也从木少聲

濤案文選上林賦注引杪末也說詳上文標字

朵 樹木垂朵朵也从木象形此與采同意

濤案五經文字朶象樹木垂形當是張司業櫽括引之非古本如是

柖 樹搖皃从木召聲
濤案廣韻四宵引作樹搖皃又射的也蓋古本有一曰射的也五字今奪

朻 高木也从木丩聲
濤案廣韻二十幽引木作大蓋傳寫之誤詩樛木釋文引作木高木高高木義得兩通

橈 曲木从木堯聲
濤案玉篇引曲木也下有易曰棟橈木末弱也八字當亦許君稱經語而今本奪之

枎 扶疏四布也从木夫聲

濤案華嚴經卷一音義引枎疏四布也葢古本說解中不重枎字今本乃淺人不知篆文連注之例而妄增之

椅木檹施从木旖聲賈侍中說檹卽椅木可作琴

濤案廣韻五支引椅木作椅也葢古本如是施下亦有也字

⿰木㲋木葉陊也从木㲋聲讀若薄

濤案玉篇與⿰木㲋同字引說文落也與蘀同艸部蘀字解云艸木凡皮葉落陊地爲蘀疑古本作木皮葉落陊也與蘀同意顧氏所引與今本皆有奪字以致不相侔耳蘀⿰木㲋不得同字以全書通例證之意字自不可少

槸木相摩也从木埶聲⿰木蓺或从艸

濤案五經文字云槷魚列反楔也又讀如涅案字書無文見考工記似司業所據本無从木埶聲之字矣然張書上聲下形而本書左形右聲恐非一字

槀木枯也从木高聲

濤案文選七發向虛壑兮背槁槐注引說文曰槀與槁古字通疑古本有重文槁字矣然七命枌栱嵯峨注引說文曰棼複屋棟也棼與枌古字通則古字通云云者乃崇賢詮釋之語非引說文語也則此注亦應引說文曰槀木枯也復申之曰槀與槁古字通傳寫奪槀木枯也四字耳

築擣也从木筑聲䈞古文

濤案玉篇廣韻並列古文簠而一切經音義卷十五築時注云古文篗同引說文築擣也篇韻亦云擣也三書訓同而所列古文有異元應有篗無簠篇韻有簠無篗疑古本簠篗並存今說文及三書皆有奪落

榦 築牆耑木也从木倝聲

濤案文選魏都賦注盧子諒贈劉琨詩注兩引曰幹本也左傳昭二十五年正義引幹脅也二書所據皆唐本葢榦有數義古本當有一曰榦本也一曰脅也今本爲二徐妄刪說文無幹字而唐本有之乃爲乾濕之乾正字則選注傳疏所引幹字皆榦字之假借也

棟 極也从木東聲

濤案一切經音義卷六卷十四卷十五皆引棟屋極也是古本有屋字下文極棟也漢書行志注引李奇文選西京賦薛綜注皆曰三輔名梁爲極是極爲棟梁正字而經典皆用爲極至之義故許君加屋字以明之玉篇亦云棟屋極也

樘 衺柱也从木堂聲

濤案一切經音義卷一樘誤作橕卷二卷十卷十四皆引樘柱也龍龕手鑑亦同無衺字又文選魯靈光殿賦長笛賦注皆引牚柱也牚卽樘之俗體是古本皆無衺字玉篇亦云樘柱也惟廣韻十二庚引作衺柱也乃後人據今本改耳

榰柱砥古用木今以石从木耆聲易曰榰恒凶

濤案一切經音義卷十六引作柱下也蓋古本作柱下砥也元應所引奪砥字今本奪下字

櫨柱上柎也从木盧聲伊尹曰果之美者箕山之東青鳧之所有櫨橘焉夏孰也一曰宅櫨木出弘農山也

濤案一切經音義卷一卷七卷十四卷十五文選甘泉賦作薄櫨用賦中字體魯靈光殿賦長門賦注皆引欂櫨柱上枅也魏都賦注引無上字景福殿賦注引無欂字又一切經音義十一引柱上枅曰櫨是古本皆作枅不作柎漢書王莽傳爲銅薄櫨師古曰柱上枅也亦本許書薄即欂字之假借欂又榑字之

別體上文榕欂櫨也欂櫨同物今欂注訓爲壁柱恐亦後人改段先生定此文曰欂欂櫨柱上枅也櫨欂櫨也與古本合惟欂从木薄省聲文選作欂乃別體之不省耳究當以欂爲正字不應徑改作欂

栭 屋枅上標也从木而聲尒疋曰栭謂之榕

濤案文選魯靈光殿賦王命論注皆引作枅上梁葢古本如是標爲木末非此之用今本屋字亦衍

榱 秦名爲屋椽周謂之榱齊魯謂之桷从木衰聲

濤案御覽百八十八居處部引秦謂之椽周謂之椽魯謂之桷是古本無齊字刻桓宮桷正魯而非齊也疑古榱下當有

榱也然後曰秦謂之椽云云後人删此二字遂不得不改文
以就之
又案易漸釋文引秦謂榱周謂之椽齊魯謂之桷是古本亦
有有齊字者榱椽互易恐傳寫有誤左傳桓十四年釋文引
亦作周謂之椽或所據本不同耳不足釋宮釋文引又與今
本同

楣秦名屋櫋聯也齊謂之檐楚謂之梠
濤案玉篇引名作謂義得兩通

櫋屋櫋聯也从木邊省聲
濤案廣韻二仙引作屋聯櫋也以楣下秦名屋櫋聯例之蓋

傳寫誤倒非古本如是

楯　闌檻也从木盾聲

濤案一切經音義卷二引有從曰檻橫曰楯六字今本奪

櫺　楯閒子也从木霝聲

濤案一切經音義卷十四卷十八皆引作窗楯閒子也葢古本如是窗與楯皆有霝也今本奪窗字誤卷四引霝楯閒子也亦窗櫺子也乃後人習見今本無窗字妄改如此非許君本文如是恐亦非元應原如是也

又案文選西都賦注引同今本曹植贈徐幹詩注引櫺窗閒也當是崇賢節引故兩處不同若御覽百八十八居處部則

後人據今本改矣又文選曹植雜詩注引作楯欄也乃傳寫奪誤

榍 限也从木屑聲

楔 櫼也从木契聲

濤案華嚴經音義下云楔先結切按說文作榍者古作相形者是慧苑所據本有榍無楔矣然一切經音義卷九云木榍又作楔說文楔櫼也今江南言櫼中國言屆楔通語也則元應所據又似有楔無榍榍楔皆許書正字解各不同而同爲先結切當是華嚴經假楔爲榍大智度論假榍爲楔故二釋云然古作相形一語疑指榍之古文而傳寫有誤不可曉矣

楗 限門也从木建聲

濤案文選南都賦注引作距門蓋古本如是禮月令修鍵閉注曰鍵牡閉牝鍵卽楗之通假字从金者卽今之銅鎖从木者卽今之木鎖所以距門限字不可通

又案文選思玄賦注引揵豎也許書無揵字蓋卽楗字之一解

𣗥 編樹木也从木从冊冊亦聲

濤案一切經音義卷十四十八皆引作編豎木也卷十九又引作編竪木者也蓋古本作竪不作樹廣韻二十陌引作堅編木則傳寫誤豎爲堅而又倒其文耳玉篇亦云編豎木可

證今本樹字之誤

欜夜行所擊者从木橐聲易曰重擊欜

濤案御覽三百三十八兵部引作行夜所擊木也是古本如是九家易曰柝者兩木相擊以行夜也周禮宮正夕擊柝而比之注云莫行夜以比直宿者修閭氏比國中宿互柝者先鄭云欜謂行夜擊柝是當作行夜不當作夜行孟子注亦云柝行夜所擊木也

又案本部㯷判也从木𣎵聲易曰重門擊柝此易曰六字乃後人所增許君偁易孟氏既于欜下引易矣必不于柝下再引易文自亂其例且許以欜訓夜行所擊木於柝訓判截然

二字異形異義不得混而爲一易繫辭釋文云柝說文作欜可見六朝舊本柝下其易語矣玉篇欜字注引爾雅木謂之欜亦不引易或許書本引爾雅後人傳寫誤爲易邪

楃 木帳也从木屋聲

濤案御覽七百服用部引曰幄大帳也許書無幄蓋卽引楃字之訓周禮巾車釋文云賈馬皆作幄是楃卽幄之證蓋古本作大帳不作木帳幕人注四合象宮室曰幄蓋與帳同製而加大者爲楃與大帳之訓合後人以字从木妄改爲木字耳廣韻四覺幄楃並列於楃下引作木帳蓋後人據今本改

杠 牀前橫木也从木工聲

濤案初學記廿五器用部引無横字蓋傳寫譌奪非古本如是五經文字所引正與今本同杠之義爲横古方橋之杠孟子離婁音義引張音亦以横木爲之横字必不可去廣韻四江但云牀前横玉篇亦云杠叉牀前横也疑傳寫奪木字

牀 安身之坐者从木爿聲

濤案初學記器用部御覽七百六服用部皆引作牀身之安也蓋古本如是玉篇引同今本乃後人據今本改

枕 臥所薦首者从木冘聲

濤案御覽七百七服用部引曰臥爲所薦首者也是古本尚有爲字也字今奪

櫝匱也从木賣聲一曰木名又曰大梡也

濤案御覽五百五十一禮儀部引櫝匱也本書無櫃字乃櫝字傳寫之誤

櫛梳比之總名也从木節聲

濤案類聚七十服飾部御覽七百十四服用部白帖十四皆引作梳枇總名也乃傳寫奪之字一切經音義十三引曰今本可證

梳理髮也从木疏省聲

濤案一切經音義卷四引梳理髮者也是古本多一者字蓋梳之本義爲理髮之器因而理髮亦謂之梳乃引伸之義淺

人刪去者字誤矣又一切經音義卷十三廣韻九魚引皆無者字乃傳寫偶奪

槈薅器也从木辱聲鎒或从金

濤案一切經音義卷八卷廿一引作除田器也葢古本如是除讀爲糞除之除爲除去田草也易繫辭釋文引孟注云耨除草淮南氾論訓注云耨耨除苗穢也皆與除田義合今本作薅器也案薅訓拔去田草亦卽除田之義國語晉語注云耨茠古文薅字也釋名釋用器云耨以鋤嫗薅禾也耨與薅皆从辱同聲薅器之訓其義甚精玉篇及廣韻五十候亦引云薅器也與今本同亦必古本如是非二徐妄改乃元應所據本

不同義得兩通玉篇又有國語曰挾其槍刈槈鎛九字亦許
書引外傳語而今本奪之
枱耒耑也从木台聲鈶或从金辝籀文从辝
濤案齊民要術引耜卽枱之別經典通用耜字耒端木也是古本多一木
字禮月令注云耜者耒之金也周禮匠人注云今之耜歧頭
兩金象古之耦也莊子釋文引三蒼云耜耒頭鐵也是耜皆
用金許何以云耒耑木蓋古人制器之始田器皆用木後乃
易之以金故槈爲鉏屬而字从木耜訓爲臿而字从木枲爲
兩刃臿而字从木欘訓爲斫而字从木造字厥初其義如是
故易稱斲木爲耜明古耜本用木也其从金之鎛从金从干

之釬从金之鉛皆後起之字故許君稱或體以別之後人疑
耜無用木者遂刪去注中木字誤矣二徐之無識如此
又案本部相臿也从木㠯聲一曰徙土輂齊人語也臣鉉等
曰今俗作耜似耜非枱之別體矣然耜雖臿屬淮南氾論訓注而耒
耑實爲耜之本訓大徐雖無識不應不知耒耜同物竊意訓
耒耑者从木㠯聲訓臿者从木台聲後人傳寫二篆互易遂
將大徐案語移於彼注之下而其說不可通矣重文亦當从
金㠯聲廣雅釋器鋁謂之鋌卽此字也
欘斫也齊謂之鎡錤一曰斤柄性自曲者从木屬聲
濤案鎡錤俗字爾雅釋器釋文引作兹箕御覽八百二十三

資產部引作兹基是古本皆不作鎡錤說文無錤字箕即其
字之重文國語周語注云耨兹其也是正當作兹其孟子作
兹基乃兹其之假借御覽引作基字亦涉孟子而誤也齊民
要術引作鎡基亦係傳寫之誤非古本如是
又案爾雅釋器斪斸謂之定釋文云斸本或作欘說文齊謂
之兹箕一曰斤柄自曲段先生曰據陸氏以說文語系之或
作欘之下則說文有欘無斸可知今本斤部出斪斸二篆皆
云斫也夫爾雅斪斸本一物安得二之且考工記注引爾雅
作句欘又爾雅音義云斪本或作拘是則句拘皆訓曲不爲
別一器名也斤部斪斸二篆淺人依俗本爾雅增之審案說

文即有斷字亦應爲欘之重文不應別出斤部段先生之論
確不可易齊民要術引斷斫也乃後人以通用字傳寫猶相
之作耜非北魏本如是又要術引者下有也字葢古本如是
元朗引斤柄自曲四字乃櫽括之語非全文也

柶 禮有柶柶匕也从木四聲

濤案御覽七百六十器物部引說文柶匕也所以取飯攷柶
之製有木有角士喪禮用木柶士冠禮用角柶士喪禮亦有
扱醴角柶制別非
角柶其形與
士冠禮之角柶也木柶列東方之饌中郎所云所以取飯者
也許書古本有此四字木柶用取飯角柶則否柶之本義爲
木柶許著此四字者釋所以从木之恉也

桮 𠤳也从木否聲𠥜籀文桮

濤案御覽七百五十九器物部引說文曰桮𠤳小桮也本書匚部𠤳小桮也此御覽因桮𠤳同物故取木部桮匚部𠤳兩訓合并引之非古本如是也篇韻所引皆同今本可證

枓 勺也从木从斗

濤案史記趙世家正義引作鉤也葢勺字傳寫誤爲句又因句誤爲鉤耳非古本如是

杓 枓柄也从木从勺

濤案一切經音義卷四引作北斗柄也北字恐是誤衍非古本如是史記天官書索隱引無北字可證史漢皆云杓攜龍

角魁枕參首北斗一至四爲魁冡羙科五至七爲杓冡科柄
是北斗星柄之名爲杓者以冡羙科之柄而言是杓之本義
爲羙科之柄而非星斗之柄明矣且詩言維北有斗古人言
北斗者但謂之斗是卽以星斗而言亦不應有北字
櫑龜目酒尊刻木作雲雷象象施不窮也从木畾聲罍櫑或
从缶𦉜櫑或从皿𣓁籒文櫑
濤案御覽七百六十一器物部引說文罍龜目酒尊也刻木
爲雲雷象其施不窮葢古本不重象字施上有其字此文本
以雷御覽作罍字絕句後人誤以象字絕句以其施不窮語爲不
詞遂妄重象字刪一其字又以尊下也字加窮字之下皆誤

又廣韻十五灰引雲雷下尚有之字餘皆同今本如有之字則仍以彖字絕句而重彖下其字亦不可少廣韻爲宋人所修非盡陸氏孫氏之舊終當以御覽所引爲可據

櫎所以几器从木廣聲一曰帷屏風之屬

濤案文選吳都賦注引無風之二字乃傳寫偶奪御覽六百九十九服用部引同今本可證

檷絡絲檷从木爾聲讀若柅

濤案易姤釋文云柅說文作檷云絡絲趺也讀若昵篇韻皆作絡絲柎也柎卽趺字是古本檷作柎柅作昵又當有引易語今多誤奪御覽八百二十五資產部引與今本同蓋後人

據今本改

又案古周易音訓引晁氏曰陰云謂唐陰宏道宏道有周易新傳疏十卷見唐書藝文志許氏說文呂氏字林曰檷絲趺也乃傳寫奪一絡字而其作趺不作檷則同下文云案絡絲之器今關西謂之絡垛梁益之閒謂之絲登其下柎卽柅也是陰氏引說文本有絡字之證

機 主發謂之機从木幾聲

濤案一切經音義卷七引機射發也機主發之機也卷九卷引機主發之機也文選後漢書光武紀贊注引機主發之器也皆與今本不同廣韻八微引與今本同蓋古本作機射

發也主發謂之機音義十一引主發謂之機也今本奪射發也三字耳元應書卷七所引爲備餘皆有所節取易繫傳釋文引李注亦云弩牙曰機是機本射發之機而凡主放發者皆謂之機如門戶之樞機織具之機杼皆以放發而名乃引申之義也

杼機之持緯者从木予聲

濤案一切經音義卷十五卷十七皆引作機持緯者是古本無之字上文滕機持經者下文複機持繒者皆無之字則此處之字誤衍詩大東正義引作持緯者也奪一機字釋文引作盛緯器恐是傳寫有誤非所據本不同也

棧棚也竹木之車曰棧从木戔聲

濤案玉篇引棚也下有一曰二字葢古文如是上文棚棧也棚棧互訓廣韻棧閣也通俗文曰板閣曰棧連閣曰棚皆與竹木之車無涉故許稱一曰以通異義玉篇此下又引詩曰有棧之車疑亦許書本文周禮攷工記注不革輓而桼之曰棧車卽竹木之謂淺人妄删一曰二字並删偁詩之語幾疑竹木之車卽棚矣

又案文選赭白馬賦注引棧櫪也是又一訓今奪

栫以柴木壅也从木存聲

濤案文選江賦注引曰栫以柴木壅水也葢古本有水字今

奪玉篇亦云以柴木壅水也

棖杖也从木長聲一曰法也

濤案一切經音義卷十九引杖作材乃傳寫之誤

桊牛鼻中環也从木𢍏聲

濤案一切經音義卷四卷十二卷十三引作牛鼻環也蓋古本無中字玉篇亦云牛鼻環也

椯箠也从木耑聲一曰椯度也一曰剟也

濤案五經文字箠作捶案手部揣一曰捶之則捶乃假借字今本作箠用正字也古从手从木之字每相亂手部揣量也度高曰揣則揣度乃从手之訓淺人見當時揣度字有从木

者因妟竄五字於此應刪

橜弋也从木厥聲一曰門梱也

濤案一切經音義卷□廣韻十月皆引橜杙也是古本有作杙者杙爲劉杙本字而經典通假爲橜弋之弋猶織訓爲弋而爾雅釋宮亦作杙也弋橜互訓 弋下曰橜也 究當以作弋爲正

又案列子釋文引橜木本也是古本有一曰木本也五字列子皇帝篇吾處也若橛株駒注引崔譔云橜株駒斷樹也斷樹正木本之義今人猶以斷木爲橜

又案莊子達生篇作厥株拘釋文云本或作橛又引李注云厥豎也豎若株拘也是李本作厥故訓爲豎若作橛即不得

訓豎其實厥即橛之省文橛株雙聲玉篇橛株山名自當從崔注訓斷樹爲是

棓 棁也从木咅聲

濤案一切經音義卷十六云大棒又作棓說文棓大杖也許書無棒字棒乃棓字之誤卷二引棓棁也謂大杖也此處亦應如是傳寫奪棁也謂三字耳卷二十引棓棁也知元應所見與今本同謂太杖也四字當是庾氏注中語棁本訓大杖說詳棁字下

椎 擊也齊謂之終葵从木隹聲

濤案御覽七百六十三器物部引終葵作柊楑注云音終音

葵似古本作柊楑矣然本書無柊楑字考工記亦作終葵不作柊楑惟廣雅釋器云柊楑椎也是柊楑乃晉以後俗字六朝說文本或有从俗作柊楑者故修文殿書引之御覽所引唐以前書皆本修文殿御覽不可從禮記玉藻正義引作玉椎擊也齊人謂之終葵首玉字誤首字亦涉注文而衍

梲 木杖也从木兌聲

濤案後漢書禰衡傳注引作梲大杖也葢古本如是今本作本者誤上文棓梲也淮南詮言訓羿死于桃棓御覽三百五十七兵部引許慎注云棓大杖是棓梲皆為大杖顏師古急就篇注梲小棓誤也

檃 括也从木隱省聲

濤案玉篇及廣韻十九隱引篆體作㯱不省心字葢古本如是韻會亦作㯱引作隱聲無省字則小徐本尚不誤也

臬 射準的也从木从自

濤案文選東京賦注引臬射埻的也葢古本如是土部埻射臬也二字互訓今本作準誤

又案大徐引李陽冰曰自非聲从劓省是古本作自聲矣今本葢大徐以爲非聲而改之

櫓 大盾也从木魯聲樐或从鹵

濤案史記陳涉世家索隱引櫓大楯也乃傳寫誤加木旁非

古本如是楯爲欄楯非此之用
又案後漢書公孫瓚傳注引櫓露也上無覆室乃釋名釋宮室語傳寫誤爲說文
又案左氏成十六年傳正義引櫓澤中守草樓也此乃樔字之說解傳寫誤樔爲櫓耳杜注云巢車車上爲櫓亦當作車上爲樔惟車上爲樔所以謂之巢車巢卽轈字之省正義巢與櫓俱是樓之別名當作轈與樔俱是樓之別名或據以疑今本有誤非也

樂五聲八音總名象鼓鞞木虡也
濤案爾雅釋樂釋文云樂說文云總五聲八音之名象鼓鞞

之形木其虡也葢古本如是今本奪之形其三字誤總五聲
八音之名疑當作五聲八音之總名傳寫誤倒今本亦奪之
字一切經音義卷六亦引五聲八音總名樂也知總字不得
在五字之上
又案御覽四百六十八人事部引樂極也歡也此葢傳寫譌
誤當作樂歡極也樂本音樂總名引申之則爲歡樂之樂故
古本有一曰歡極也五字
又案類聚四十一樂部書鈔樂部皆引作五聲八音總也乃
檃括節引非古本如是

枹 擊鼓杖也从木包聲

濤案文選西征賦注引枹鼓椎也王元長曲水詩序注引桴鼓柄也一切經音義卷三卷四引桴擊鼓柄也卷十八及左氏成二年正義又引同今本桴卽枹之假借椎杖義得兩通柄字恐傳寫有誤

槧 牘樸也从木斬聲

濤案御覽六百六文部引作牘牒也案片部牘書板也牒札也古槧牘牒札同物大者爲槧爲牘小者爲札爲牒下文札訓爲牒則槧應訓牘不應兼訓爲牒是御覽牒字乃傳寫之誤今本樸字不誤樸訓素牘樸云者葢書板之未書者耳

檄 二尺書也从木敫聲

壽案後漢書光武紀注引云檄以木簡爲書長尺二寸謂之
檄以徵召也葢古本如是今本妄加删節又改尺二爲二尺
尤不可通矣韻會據小徐本作尺二可見古本不作二尺又
史記張儀淮陰二傳索隱一切經音義卷十御覽五百九十
七文部類聚五十八雜文部廣韻二十三錫玉篇皆引同今
本疑後人據今本改
又案龍龕手鑑引二尺作三尺乃傳寫之誤惟手鑑載入手
部云又苦弔反旁擊也葢六朝唐人从木从手之字每相亂
行均所見之本此本从手遂誤認檄撽爲一字不可從
楘車歷錄束交也从木敄聲書曰五楘梁輈

濤案玉篇引無束交二字葢古本如是詩秦風毛傳曰楘歷錄也正許君所本傳又曰一輈五束束有歷錄正義曰恐易折以皮束之因以爲飾也歷錄葢郎文飾之意漢時恆語不必更言束交以明之或謂束交上當重歷錄二字亦知此二字誤衍之不可通耳

榷 水上橫木所以渡者也从木隺聲

濤案御覽卷七十三地部引說文水上橫木所以度也亦曰彴今謂之畧彴葢古本如是今本譌奪殊甚

橋 水梁也从木喬聲

濤案類聚九水部引作水橋也乃傳寫有誤非古本如是下

文梁水橋也二字互訓則此解不應作水橋今本不誤

梁水橋也从木从水刅聲㴑古文

濤案白帖十[redacted]部引梁構櫨也構櫨乃本部榰字之解而白氏引于梁條下則非傳寫之誤當是古本一曰以下之奪文

㮴船總名从木叜聲

濤案初學記[redacted]器用部引總名船曰艘郎臣鉉等所謂今俗別作艘也文選吳都賦注引亦作艘皆別字

又案初學記此條前引舟言周流也船言循也循水而行也其上屋曰廬重室曰飛廬又在其上曰雀室言於中候望若鳥雀之驚視也皆釋名釋船之文惟總名船曰艘一語乃引

說文耳徐氏書往往將爾雅釋名說文等書一條并引致傳
寫者皆誤爲說文

欚 江中大船名从木蠡聲
濤案初學記二十五器用部引江中舟曰⿰舟蠡⿰舟蠡亦欚字之俗

校 木囚也从木交聲
濤案漢書趙充國傳注師古引說文云校木囚也亦謂以木
相貫遮闌禽獸也是古木有一曰以木相貫云云今本奪

采 捋取也从木从爪
濤案五經文字作從爪下木蓋古本如是今本微誤

柹 削木札樸也从木朿聲陳楚謂櫝爲柹

濤案一切經音義卷十三引削朴卷十五卷十六引削朴也卷十八引削木朴也三引微有不同以卷十八所引爲完具樸皆作朴葢古本如是柿之義謂木皮於字當作朴樸木素也非此之用今本札字亦衍元應書卷十三引說文後又引蒼頡篇柿札也則訓札者乃蒼頡非說文朴本訓札（一切經音義引說文說詳朴字下）言朴不必更言札矣

又案文選馬汧督誄注引作削柿也恐傳寫有誤非崇賢所據本不同

又案元應書卷十八引木朴也下有江南名柿中國曰札山東名朴十二字當是庾氏演說文語

橫 闌木也从木黃聲

濤案後漢書儒林傳注引說文曰黌學也黌與橫同今許書無黌字疑古本黌爲橫之重文其訓在重文黌下作一曰學也今本爲二徐妄刪之矣

朾 橦也从木丁聲

濤案一切經音義卷六引說文打以杖擊之也手部無打字疑即朾字之別體葢六朝从手从木之字相亂也嚴孝康曰橦字必誤橦帳極也非字次據言以杖知必從木其說甚確

柮 斷也从木出聲讀若爾雅貀無前足之貀

濤案玉篇引作斷也一曰給也葢古本尚有四字今奪

析破木也一曰折也从木从斤

濤案文選魏都賦注引說文曰析量也一切經音義卷十五引說文破木也亦分也字从木斤意也皆與今本不同葢古本當作析破木也亦分也一曰析量也今本折字乃析字之誤又奪量字耳

楄楄部方木也从木扁聲春秋傳曰楄部薦榦

濤案左傳昭二十五年正義引云楄方木也是古本無楄部二字今本乃涉傳文而誤

休息止也从人依木𠇷休或从广

濤案五經文字云休象人息木陰義得兩通

械 桎梏也从木戒聲一曰器之總名一曰持也一曰有盛爲械無盛爲器

濤案文選馬融長笛賦注引作治也蓋古本如是今本作持乃後人避唐諱改猶治書侍御史之爲持書侍御史耳詩小雅車攻釋文引作無所盛曰械是古本下二句作有所盛曰器無所盛曰械楊注荀子榮辱篇注引與今本同義得兩通又案六書故廿二引唐本作或說內盛爲器外盛爲械內盛外盛之義不可曉疑傳寫有誤

桎 足械也从木至聲

梏 手械也从木告聲

濤案周禮掌囚釋文引梏手械也所以告天桎足械也所以質地御覽六百四十四刑法部引同是古本有所以告天所以質地八字此葢申明从告从至之意所謂聲亦兼義也二徐不知而妄刪之誤矣

又案詩節南山正義引桎車鎋也則此解當有車鎋一義今奪說文無鎋字當作轄

櫳 檻也从木龍聲

濤案華嚴經音義上引櫳牢也一切經音義十四引櫳牢也一曰圈也葢古本如此廣雅釋器欄檻櫳皆訓爲牢本書欄檻互訓而以牢訓櫳牢籠本雙聲字籠卽櫳字之別二徐奪

去欄篆遂移檻也之解於櫳字又奪去一訓誤矣一切經音
義卷一引三蒼云櫳所以盛禽獸此正牢字之義元應書卷
十又引櫳檻也乃後人據今本改

柙 檻也以藏虎兕从木甲聲𠙹古文柙

濤案一切經音義卷六引柙檻也下有論語虎兕出於柙是
也九字而無以藏虎兕四字是古本如是許君引經以證柙
之爲檻而非謂柙之專藏虎兕也是也二字乃元應所足亦
非許君本文廣韻三十二狎引檻也所以藏虎兕也則是淺
人據今本改矣

又案汗簡卷中之一引說文柙字作𠙹是古本篆體如此郭

氏書載於口部字必从口其爲今本譌誤無疑

棺 關也所以掩尸从木官聲

濤案初學記禮記御覽五百五十一禮儀部皆引作關也可以掩尸所作可乃傳寫之誤非古本如是廣韻二十六桓引作所以掩尸可證

櫬 棺也从木親聲春秋傳曰士輿櫬

濤案御覽五百五十一禮儀部引櫬附身棺也是古本有附身二字玉篇云親身棺也親身亦附身之義許加附身二字以明从親之意此亦聲亦兼義之例淺人刪之妄矣

槥 棺櫝也从木彗聲

濤案御覽五百五十一禮儀部引槽櫝也是古本無楫字初學記禮部引小楫曰槽葢古本尚有一曰以下云云

楬 楬桀也从木曷聲春秋傳曰楬而書之

濤案一切經音義卷十四引作楬櫫杙也葢古本如是周禮職金注今時之書有所表著謂之楬櫫廣雅釋宮楬櫫杙也楬櫫二文連文漢書酷吏傳楬著其姓名楬著卽楬櫫師古注云楬杙也正本許書爲說今本爲二徐妄改義不可通說文無櫫字櫫當作豬

梟 梟不孝鳥也日至捕梟磔之从鳥頭在木上

濤案一切經音義卷十三卷二十日至二字皆引作冬至日

葢古本如是御覽九百二十七羽族部引作至日奪一冬字廣韻三蕭引作故至日故乃冬字之誤可見古本無作日至者也又嶺表錄異卷中引有食母而後能飛六字當亦古本有之御覽引淮南許注云梟子大食其母也許君注淮南往往與解字相同

補 欄

濤案華嚴經音義上引說文云欄檻也是古本有欄字本部檻闌也闌卽欄字之省欄檻互訓正許書之例闌爲門遮非此之用也本部欒木似欄（當作似木欄說詳欒字下）不得謂許書無欄字古本疑當作欄木欄也一曰檻也玉篇木欄之許當本說文

補 棞

濤案史記賈誼傳索隱引棞大木柵也是古本有棞篆今奪

又案史記本或從手作攌然訓爲大木柵則當从木葢六朝

時从木从手之字每相亂棞之爲攌猶楊之爲揚也

東部

𣗥

二東曹从此闕

濤案汗簡卷中之一云𣗥曹出演說文是古本無此字矣然

曹字从此許書不應無疑汗簡傳寫之譌諦視刊本演字乃

後來羼入也

林部

鬱木叢生者从林鬱省聲

濤案九經字樣作木叢生也文選甘泉賦注亦引作木叢生也是古本不作者字

棽木枝條棽儷皃从林今聲

濤案文選東都賦注引木作大蓋傳寫之誤非古本如是玉篇引無木字亦傳寫偶誤

楙木盛也从林矛聲

濤案文選西征賦赭白馬賦注引作盛也乃節取盛字之義非古本無木字也

麓守山林吏也从林鹿聲一曰林屬於山爲麓春秋傳曰沙

麓𣘘古文从录

濤案御覽五十七地部引作林屬於山曰麓一曰麓者守山林吏也是古本以林屬於山爲正解守山林吏爲一解葢麓本林屬於山之名因而守山林之吏卽名爲麓義有後先足徵今本之倒置矣玉篇山林下有之字詞氣較完

棼複屋棟也从林分聲

濤案後漢書班固傳注一引棼複屋之棟一引棼棟也葢古本屋下有之字今奪其一引則章懷有所節取矣文選西京賦注引棼屋棟也亦是崇賢節引非古本無複字

森木多皃从林从木讀若曾參之參

濤案一切經音義卷十一十二十三卷二十兩引皆引作多木長皃也葢古本如是文選文賦注引字林曰多木長皃呂氏正本說文音義十八引作木長皃也乃傳寫奪一多字又案文選張景陽雜詩注引森林叢木也森無叢木之訓他書引說文亦不如是本部平土有叢木曰林疑文選本作蕭林故崇賢節引許書以訓之後人傳寫誤林爲森因於注中妄加一森字非古本有此一解也

才部

才 艸木之初也从丨上貫一將生枝葉一地也凡才之屬皆从才

濤案五經文字上作才草木之初生也从丨上貫二丨象將生枝葉一象地葢古本如此今本初下奪生字貫下奪二字又誤丨爲一皆非徐鍇曰上一初生歧枝也下一地也是貫非貫一矣篇韻引皆無生字當是後人據今本改

說文古本攷第六卷下　　嘉興沈濤纂

叒部

叒日初出東方暘谷所登榑桑叒木也象形凡叒之屬皆从叒

𠦒籒文

濤案玉篇引作日出東方湯谷所登榑桑叒木也葢古本無初字暘谷作湯谷宋本葉本皆作湯谷毛本初刻亦作湯谷後乃剜改作暘谷誤矣楚辭淮南皆云日出湯谷山海經云湯谷上有扶桑尚書暘谷古文本作湯說詳十經齋眞古文尚書學中

出部

賣出物貨也从出从買

濤案廣韻十五卦引無貨字乃傳寫仍奪非古本如是

⿰臬出槷⿰臬出不安也从出臬聲易曰槷⿰臬出

濤案易困上六困于臲卼釋文云臲說文作劓卼說文作⿰臬出云⿰臬出不安也是古本作劓不作槷小徐本亦作劓與元朗所見本同惟淺人妄增困于赤芾四字誤以爲九五劓刖之異文耳許君偁經無此體例也據陸氏所引則說解中槷⿰臬出二字亦衍

𣎵部

𣎵艸木盛𣎵𣎵然象形八聲凡𣎵之屬皆从𣎵讀若輩

濤案玉篇引無盛字葢傳寫偶奪

南艸木至南方有枝任也从𣎵羊聲𡴞古文

濤案汗簡卷上之一屮部𡴞云南見說文是古本南字古文从屮不从𣎵也且下體亦異若如今本則仍从𣎵从羊許又何必重列乎

生部

生草盛丰丰也从生上下達也

濤案廣韻三鍾引作艸盛丰也乃傳寫奪一丰字

華部

皣艸木白華也从華从白

濤案文選西都賦注引作艸木白華皃是古本不作也

稽部

䅈 䅈𥢶而止也从稽省咎聲讀若皓賈侍中說稽𥢶䅈三字皆木名

濤案玉篇引作稽跙而止也足部無跙字恐傳寫有誤

桼部

桼 木汁可以髤物象形桼如水滴而下凡桼之屬皆从桼

濤案廣韻五質引髤物下有从木二字葢古本如是以仌乃象如水滴下之形今本奪此二字誤

東部

柬分別簡之也从束从八八分別也

濤案廣韻二十六產引八分也無別字葢古本如是八或訓分或訓別分亦訓別皆見八部分別同義言分不必再言別矣

橐部

囊橐也从橐省襄省聲

濤案詩公劉釋文引說文云無底曰囊有底曰橐葢古本一曰下之奪文史記陸賈傳索隱引碑蒼云有底曰囊無底曰橐一切經音義卷　引倉頡篇橐囊之無底者也釋文有無二字當是傳寫互誤御覽七百四服用部引囊謂橐謂字乃引書者足成非古本有之

櫜車上大槖从槖省咎聲詩日載櫜弓矢
濤案御覽七百四服用部引櫜車上大囊也囊櫜同物葢古
本亦有如是作者今本奪也字

口部

圛回行也从口睪聲尚書圛圛升雲半有半無讀若驛
濤案玉篇引尚書作商書葢古本如是許書引壁中經無作
尚書者升雲下有者字古本當在升字之上許君本引洪範
曰圛二字而又釋之曰圛者升雲半有半無傳寫奪一者字
淺人遂以圛圛升雲半有半無爲逸書之語誤矣希馮書倒
者字於雲字之下亦係傳寫之誤可見古本之有者字也又

廣韻二十二昔引升上有者字古本正如是

囷廩之圓者从禾在口中圓謂之囷方謂之京

濤案史記龜策傳正義引圓者謂之囷方者謂之廩葢古本如是今本奪兩者字又誤廩爲京皆非

圈養畜之閑也从口卷聲

濤案文選求自試表注引作養獸閑也一切經音義卷二十引作養畜閑也畜獸義得兩通可見古本無之字西京賦注引作畜閑也乃傳寫奪一養字赭白馬賦注亦作養畜閑也廣韻二十八獮亦無之字

囿苑有垣也从口有聲一曰禽獸曰囿[illegible]籒文囿

濤案初學記廿四御覽百九十七居處部皆引作苑有園曰圃孟古本亦有如是作者初學記又引圃猶有也今本奪此四字初學記御覽又引一曰養禽獸曰圃是古本禽獸上有養字

園 所以樹果也从口袁聲

圃 種菜曰圃从口甫聲

濤案類聚六十五產業部引樹果曰園樹菜曰圃初學記居處部引園樹果也圃樹菜也御覽百九十七居處部同是古本無所以二字種菜作樹菜白帖十一[redacted]部亦引園樹果果圃樹菜知今本種字之誤古本當如初學記御覽所引類

聚云云蓋古本亦有如是作者今本圍字注從之而圜字注

又不如是殊爲謬舛也

又案御覽八百二十四資產部引同今本惟以上缺所字蓋

後人據今本改

就也从口大

濤案汗簡中之二引演說文因字作蓋庾氏書有之疑此

爲煙字之重文

獄也从口令聲

守之也从口吾聲

濤案華嚴經音義下引囹圄謂周之獄名也蓋古本作囹圄

周獄名也謂之二字乃慧苑所足耳御覽六百四十三刑法部引風俗通北堂書鈔四十五引白虎通皆云周曰圄囹惟鄭志以爲秦獄名許鄭不必相同今本誤奪殊甚依許書通例圄字注當云圄囹圄也今本守之二字亦誤

員部

員物數也从貝口聲凡員之屬皆从員⿱口鼎籒文从鼎

濤案九經字樣引作從口從貝是古本無聲字

貝部

貝海介蟲也居陸名猋在水名疑象形古者貨貝而寶龜周而有泉至秦廢貝行錢凡貝之屬皆从貝

濤案類聚卷八十寶玉部御覽八百七珍寶部引行錢作行泉周上有至字至秦作到秦葢古本如此至周而有泉者泉與貝俱行也至秦則廢貝行泉矣兩泉字不宜異文又華嚴經音義上引貝謂海介蟲也謂字乃慧苑所足又引古者藏貝而寶龜也也字是引書時足成非古本有之又介類聚初學記皆引作甲義得兩通

䝿資也从貝爲聲或曰此古貨字讀若貴

濤案一切經音義卷十四引資作貨葢古本如是小徐本無或曰以下九字但云臣鍇按字書云古貨字則此九字非許君語矣䝿从爲聲貨从化聲䝿貨一聲之轉猶尙書南譌之

作南訛二徐知賕貨相通而所見本貨誤爲貣故楚金加案語以明之鼎臣乃以竄入正文益增譌謬矣

貣 從人求物也从貝弋聲

濤案一切經音義十五引作從人求也蓋古本無物字玉篇亦云貣從人求無物字

贈 玩好相送也从貝曾聲

濤案一切經音義卷五引作以玩好之物相送曰贈也蓋古本作以玩好之物相送也有此三字則文義始完

貤 重次弟物也从貝也聲

濤案漢書武帝紀注引云貤物之重次弟也蓋古本如此今

本語頗不詞匡謬正俗六文選魏都賦注引同今本疑淺人
據今本改

賴贏也从貝剌聲

濤案漢書高帝紀注晉灼引許愼云賴利也史記集解所引亦同是古本訓利不訓贏晉氏又申其說云無利入於家也以無利訓亾賴其非傳寫之誤可知今本葢二徐所妄改國語晉語注戰國衞策高注皆云賴利也

賖貰買也从貝余聲

貰貸也从貝世聲

濤案匡謬正俗引賖鬻貰貸也然則古本賖訓爲鬻不訓貰

買顏師古曰貰字訓貸聲類及字林並音勢而近代學者用
劉昌宗周禮音輒讀貰爲時夜反其鄙俚之俗又讀爲賒皆
非正也案說文解字云云此則二字本來不同斷可知矣小
顏之意以賒貰二字音既不同義亦有別然周禮泉府云凡
賒者祭祀無過旬日喪紀無過三月注引鄭司農云賒貰也
以祭祀喪紀故從官貰買物是今本貰買二字實爲賒字正
訓漢書高祖本紀常從武負王媼貰酒注引韋昭云貰賒也
賒貰本互訓貰固不可讀賒未始不可訓賒鬻爲賣字之別
玉篇云賣或从粥鬻本部賣衒也讀行且賣與賒義甚遠不
知小顏所據何本恐傳寫或有譌誤耳

贅以物質錢从敖貝敖者猶放貝當復取之也
濤案後漢書郭后紀注引贅肬也肉部肬贅也肬贅蓋互相
訓古本當有一曰肬也四字
賈賈市也从貝襾聲一曰坐賣售也
𧶠行賈也从貝商省聲
濤案一切經音義卷六引賈坐賣也𧶠行賣也是古本坐賣
下無售字行賈作行賣言賣不必更言售且許書無售字以
坐賣例之則作行賣爲是周禮[redacted]注亦云行賣曰商坐賣
曰賈淺人以行賣爲不典而改爲賈矣
賃庸也从貝任聲

濤案一切經音義卷六引庸作傭葢古本如此廣韻曰傭賃也爾雅曰傭役也庸字非此之用

賕以財物枉法相謝也从貝求聲一曰戴質也

濤案一切經音義卷廿一引無物字葢古本如是小徐本及韻會所引皆無之玉篇亦無物字

購以財有所求也从貝冓聲

濤案後漢書魯恭傳注引作以財相賕曰購相賕二字乃傳寫之誤光武紀注引作以財有所求曰購正同今本本部賕以財物枉法相謝也非此之用一切經音義卷十三亦引同今本

貲小罰以財自贖也从貝此聲漢律民不繇貲錢二十二

濤案一切經音義卷十三引繇作傜蓋古本如是篇韻皆云傜後也小徐本亦作傜

賨南蠻賦也从貝宗聲

濤案後漢書西南夷傳注引賨布南蠻賦也布字乃涉傳文而衍非古本有之

貴物不賤也从貝臾聲臾古文蕢

濤案初學記人部引云貴者歸也謂物所歸仰汝潁言貴聲如歸往之歸乃釋名語傳寫誤爲說文耳

邑部

邑 國也从口先王之制尊卑有大小从卪凡邑之屬皆从邑

濤案御覽一百五十七州郡部引邑縣也从口卪聲御覽本作縣邑也乃傳寫誤倒據今本則爲會意字據古本則爲形聲字卪邑聲相近而許書部首率多象形會意疑當作从卪卪亦聲古縣大郡小本部郡周制天子地方千里分爲百縣縣有四郡故春秋傳曰上大夫受縣下大夫五字據水經河水注引增受郡是也亦見逸周書作雒解是邑之訓縣非據後代之制而言許君訓邦爲國知不訓邑爲國也今本葢後人妄改

又案玉篇有周禮曰四井爲邑七字疑本許君引經語而今本奪之

郡 周制天子地方千里分爲百縣縣有四郡故春秋傳曰上大夫受郡是也至秦初置三十六郡以監其縣从邑君聲

濤案水經河水注引上大夫縣下大夫郡與左傳合葢今本傳寫奪縣下大夫受五字玉篇引作下大夫受縣上大夫受郡下上二字亦傳寫誤倒

郊 距國百里爲郊从邑交聲

濤案御覽 地部引爲作曰義得兩通

邸 屬國舍从邑氐聲

濤案後漢書安帝紀注一切經音義卷九引邸屬國之舍也是古本尚有之也二字今奪音義卷七卷二十引亦奪之字

郵境上行書舍从邑垂垂邊也

濤案後漢書郭泰傳注引郵境上傳書舍也史記白起傳正義引郵境上行舍道路所經過合二書亙訂葢古本作郵境上傳書舍道路所經過也爾雅釋言云郵過也郭注曰道路所經過景純注雅率用許書其爲今本譌奪無疑史記正義行字乃傳書二字之誤章懷則節引上句耳光武紀楊震傳注仍引作行葢後人據今本改

𨛜夏后時諸侯夷羿國也从邑窮省聲

濤案玉篇有書曰有窮后羿六字疑本許君稱經語而今本奪之

邰炎帝之後姜姓所封周棄外家國从邑台聲右扶風斄縣是也詩曰即有邰家室

濤案史記劉敬傳正義引作姜姓所封國弃外家也是古本國字在封字之下以本部訓解之例證之今本在家字之下者誤周本紀正義引作姜姓封邰周弃外家乃傳寫有誤而家下亦無國字

郊周文王所封在右扶風美陽中水鄉从邑支聲岐郊或从山支聲因岐山以名之也

濤案文選西京賦注引岐山在長安西美陽縣界山有兩岐因以名焉乃崇賢櫽括其詞非古本如是山有兩岐一語當

是古本有之

邙河南洛陽北亾山上邑从邑亾聲

濤案御覽四十二地部引邙洛陽北土上邑也葢傳寫有奪誤非古本如是亾當作芒說詳艸部

鄋北方長狄國也在夏爲防風氏在殷爲汪芒氏从邑叜聲春秋傳曰鄋瞞侵齊

濤案左傳文十一年釋文引汪芒作汪茫葢古本如是說文無茫字山部嵎字解亦云汪芒之國釋文殷上無在字葢傳寫偶奪

鄦炎帝太嶽之允甫侯所封在潁川从邑無聲讀若許

濤案御覽百五十九州郡部引作許炎帝之後也武王代紂時封之葢古本如是漢書地理志曰潁川郡許故國姜姓四岳後太叔所封太叔左傳隱十一年正義引作文叔詩王風申甫許三國並言不得云甫矦封許觀御覽所引則知古本並無是語今本爲二徐竄改者不少矣說文敘云呂叔作藩俾侯於許呂叔疑本作文叔亦爲二徐所改以合甫矦封許之說耳鄦許古今字

鄛 南陽棗陽鄉从邑巢聲

濤案後漢書宦者鄭衆傳注引南郡棘陽縣有鄛鄉葢古本如是南下奪一陽字南陽郡有棘陽縣二志皆同今本棗字

誤

邡 什邡廣漢縣从邑方聲

濤案玉篇引無什字乃傳寫偶奪非古本如是

䣝 邾下邑地从邑余聲魯東有䣝城讀若塗

濤案史記魯周公世家索隱引䣝邾之下邑是古本有之字無地字以通部訓解例之邑下不應有地字

邪 琅邪郡从邑牙聲

濤案九經字樣云郎邪郡名郎艮也邪道也以地居鄒魯人有善道故爲郡名今經典相承郎字王旁作琅邪字或作耶者譌是古本作郎邪不作琅邪左氏[redacted]年傳杜注郰國今

琅邪開陽縣釋文云琅本或作郎則知作琅者誤郎邪以郎
山得名見　所引伏韜齊地記邦字解琅邪縣亦當作
郎

郭　齊之郭氏虛善善不能進惡惡不能退是以亡國也从邑
𦎫聲

濤案御覽百九十三居處部引郭廓也廓落在城也此乃釋
名釋宮室語傳寫誤爲說文非古本有此一解也

郣　郣海地从邑孛聲一曰地之起者曰郣

濤案玉篇引地作郡葢古本如是此與琅邪郡郁郡一例

補[illegible]

濤案廣韻十六蒸引說文曰鄭地名也是古本有鄭篆小徐本亦有之云从邑興聲

重印說文古本攷

七至九之下

說文古本攷第七卷上

嘉興沈濤纂

日部

日 實也太陽之精不虧从口一象形凡日之屬皆从日

文象形

濤案初學記一天部御覽三天部引象形下皆有又君象也四字葢古本如是今奪事類賦引亦有此四字是宋初淯化年本猶未刊落

又案从口初學記作从〇北堂書鈔天部同此象形字當如是作徐鍇祛妄引李陽冰云古文正圜象日形其中一點象烏非口一葢篆籒方其外引其點爾是虞氏徐氏所引皆據

古文之形今古文亦方外引點矣

睹旦明也从日者聲

濤案文選魏都賦謝靈運越嶺溪行詩七發三注引此字皆作曙乃崇賢以今字易古字耳非古本有曙無睹也後人不知曙卽睹之變故玉篇分列二文廣韻析居二韻大徐增入新附皆爲無識

的明也从日勺聲易曰爲的顙

濤案易說卦釋文云的說文作馰是古本的字解無引易語矣馬部馰字注引易曰爲馰顙正與元朗所見本合許君稱易孟氏蓋孟氏本的作馰若又於的字解稱易則是自亂其

例矣

晄 明也从日光聲

濤案一切經音義卷三引晃明也燿也是古本有燿也一訓廣雅釋言云晃暉也暉燿義近當本許書篇韻皆云晃正晄同是古本篆體作晃

旭 日旦出皃从日九聲讀若勗一曰明也

濤案詩匏有苦葉釋文引作讀若好字蓋古本如是驕人好好爾雅作旭旭此旭好同音之證淺人誤謂好無旭音遂改爲勗妄矣

又案藝文類聚一天部引日初出爲旭乃纂文語傳寫誤纂

爲說耳如日在午曰亭午在未曰昳云云許書斷無此語他書皆引作纂文或疑爲說文異本是不然矣

晏天淸也从日安聲

濤案一切經音義卷五引天淸也下有亦鮮翠之皃也六字當是說文注中語

曣星無雲也从日燕聲

濤案晉書音義上引曣日生無雲暫見也是今本星字乃日生二字誤并又奪暫見二字皆非

景光也从日京聲

濤案文選張載七哀詩注引景日光也葢古本有日字今奪

以昏訓日冥暑訓日景例之當有日字他處有引無日字者乃節取之例淺人遂據以刪本書矣

晧日出皃从日告聲

濤案一切經音義卷十八引晧廣大也光明也當是古本之一訓今奪

暤光也从日从皋

濤案文選西都賦注引暤草木白華皃疑古本一曰以下之奪文

旰晚也从日干聲春秋傳曰日旰君勞

濤案文選謝朓酬王晉安詩注引旰日晚也葢古本有日字

今奪此與景字訓之當有日字同例

晷日景也从日咎聲

濤案文選魏都賦注引晷景潘尼贈陸機出爲吳王郎中令詩陸機長歌行張華雜詩三注皆引晷景也此傳寫奪日字非古本無之他書所引及選注他篇所引皆有日字可證

昏日冥也从日氐省氐者下也一曰民聲

濤案六書故云唐本說文从民省晁說之曰因唐諱民故改爲氏也錢少詹曰氐與民音義俱別依許祭酒例當重出昬云或作昬民聲今附於昏下疑非許氏本文須讀戴侗六書故云云然則說文元是昬字从日民聲唐本以避諱減一筆

故云从民省徐氏誤以爲氏省氏下之訓亦徐所附益又不敢輒增昬字仍附民聲於下其非許元文信矣漢隸字原昬皆从民婚亦从昬民者冥也與日冥之訓相協唐石經遇民字皆作民而偏傍从民者盡易爲氏如岷作岻泯作汦緡作緍痻作痻碈作碈暋作暋愍作愍蟁作蟁之類不一而足則昏之爲避諱省筆無疑

又案五經文字云緣廟諱偏旁凖式省从氏凡汦昬之類皆从氏張參唐人目覩當時令甲其言必信而有徵昬字之改在顯慶二年十二月見舊唐書高宗紀

晻 不明也从日奄聲

濤案文選南都賦注引晻不明皃北征賦注一切經音義卷
十二皆引同今本義得兩通

晦月盡也从日每聲

濤案文選江淹雜體詩注引晦盡也乃崇賢節取盡字之義
以詩中寂歷百艸晦不可言月也郭璞遊仙詩注引同今本
可見古本非無月字

曀陰而風也从日壹聲詩曰終風且曀

濤案御覽十三天部引曀天陰沉也葢古本如此今本涉詩
傳爾雅而誤耳釋名釋天云曀翳也言雲氣晻翳日光使不
明也晻翳不明卽陰沉之意王觀察謂詩終風且暴終猶既

也終風且暴言旣風且暴則終風且曀言旣風且曀耳曀字自有本訓初不必兼風而言開元占經一百一引曀天地陰沈也傳寫衍一地字是古本相同益見今本之誤

昱明日也从日立聲

濤案一切經音義卷九引作日明也蓋古本如是今本誤倒其文耳太元經曰日以昱乎晝月以昱乎夜注云昱明也是昱訓日明非訓明日玉篇亦云昱日明也

㬥晞也从日从出从廾从米[illegible]古文㬥从日麃聲

濤案一切經音義卷一卷二卷三卷九卷十四卷十七卷十九卷廿一皆引作晞乾也是古文有乾字又音義卷一卷三

卷九卷十九卷廿一引米下有字意也三字卷十四有字意二字卷二有亦字意也四字乃元應以爲許書會意字足成其語非本文有此數字也

暵 乾也耕暴田曰暵从日堇聲易曰燥萬物者莫暵乎離

濤案詩中谷有蓷正義引暵燥也易曰燥萬物者莫暵乎火是古本作燥不作乾然文選南都賦注仍引作乾義得兩通離當作火小徐本尚不誤又有火離也三字恐是衍文說卦釋文引作熱暵也當是傳寫有誤

晞 乾也从日希聲

濤案一切經音義卷二十引曰乾曰晞晞乾之也是古本乾

上有日字今奪下句乃元應釋經文晞字

昔乾肉也从殘肉日以晞之與俎同意𦠆籀文从肉

濤案五經文字云众象肉文得日而乾葢古本如是今本作从殘肉者誤

暬日狎習相慢也从日執聲

濤案五經文字此字从埶葢古本當作埶聲不作執聲本書從埶之字每誤從執㬕埶聲相近衣部褻字從埶可證

昕旦明日將出也从日斤聲讀若希

濤案一切經音義卷十三引旦明下有也字葢古本分爲兩語此字不可刪小徐本尚不誤禮記文王世子釋文引同今

本疑後人據今本妄刪

倝部

補 幹

濤案六書故引唐本說文曰幹涇之幹也今本無幹字葢古本有之幹涇之幹也語頗不詞當是唐本以此爲幹涇之幹戴氏曰幹居寒切涇去也疑卽引唐本說文訓詁語幹爲經典通用字不應許書無之惟經典所用如貞固者事之幹以及幹父之蠱其訓正訓事者皆引申之義而本義則爲幹涇正字其或作乾諸書通用或作干北齊治疾方皆假借字或作澣唐三墳記別體字

㫃部

㫃 旌旗之游㫃蹇之皃从屮曲而下垂㫃相出入也讀若偃古人名㫃字子游凡㫃之屬皆从㫃 㫃 古文㫃字象形及象旌旗之游

濤案爾雅釋天釋文凡旌旗之字皆从㫃㫃音偃說文云旌旗得風靡也蓋古本如是下古文云象旌旗之游若正字亦如此解則不煩複舉矣

旐 龜蛇四游以象營室游游而長从㫃兆聲周禮曰縣鄙建旐

濤案隋書禮儀志引許愼曰旐有四游以象營室乃檃括其

詞非古文如是

旗熊旗五游以象罰星士卒以爲期从㫃其聲周禮曰率都建旗

濤案大唐類要引罰作伐與攷工記合葢古本如是韻會與小徐本皆作伐則作罰者傳寫之誤五游亦當從周禮作六游

旞導車所以載全羽以爲允允進也从㫃遂聲旞旞或从遺

濤案御覽三百四十兵部引載上無以字羽下無以爲字允允下有而字葢古本如是允允而進猶言緩緩而進與游游而長沛然而垂一例今本義不可通

旝建大木置石其上發以機以追敵也从㫃會聲春秋傳曰旝動而鼓詩曰其旝如林

濤案晉書音義卷中引作發以擊敵御覽三百三十七兵部引以機作其機追敵作拒敵義皆得兩通注有一云从衣會聲六字豈古本尙有重文或字邪然衣部自有从衣从會之字恐傳寫有誤

又案發以機大唐類要一百廿六武功部引作巧發爲機蓋古本如是今本以字有誤巧字尤不可少旝字从木作檜

又案左傳桓五年釋文云旝旃也說文作檜建大木置石其上發機以硾敵據此則元朗所見本㫃部無旝字建大木云

云乃木部檜字之一解御覽所云从衣會聲乃从木會聲之
誤正義則云賈逵以旝爲發石一曰飛石引范蠡兵法作飛
石之事以證之說文亦云建大木置石其上發機以磓敵與
賈同也案范蠡兵法雖有飛石之事不言名爲旝也發石非
旌旗之比說文載之㫃部而以飛石解之爲不類矣是沖遠
所見說文正作旝字在㫃部當時陸孔所據已各不同如此
又案三國魏志袁紹傳注引魏氏春秋曰傳言旝動而鼓說
曰旝發石也乃傳寫奪一文字車字類要御覽所引魏武本
紀卽魏氏春秋之文
又案御覽又引魏武本紀曰上與袁紹軍於官度上令傳言

旝動而鼓說文曰旝發石車也乃造發石車擊紹曾云云大唐類要百二十六　部所引亦同而字作檜與陸氏所據本同雖發石車也四字乃櫽括節引然當時說解必有車字陸孔所引已不見此字此許書之本所以愈古愈妙也

旃　旗曲柄也所以旃表士眾从㫃丹聲周禮曰通帛爲旃旜旃或从亶

濤案史記武安矦傳索隱引曲旃者所以招士也御覽三百四十兵部引作所以招士眾也白帖五十八引旃曲把旗以招士也蓋古本如是今本旃表二字義不可通漢書田蚡傳注師古引同今本乃後人據今本改

施 旗皃从㫃也聲齊欒施字子旗知施者旗也
濤案汗簡卷下之一[illegible]施見說文是古本此字尚有重文今
奪
游 旌旗之旒也从㫃汓聲逕古文游
濤案文選東京賦注引斿旍施旒也斿卽游字之省旍施二
字疑旌旗二字之誤
旅 軍之五百人爲旅从㫃从从从俱也
濤案廣韻八語引作軍五百人也蓋古本如是今本義得兩
通而不合全書訓解之例
冥部

冥 冥也从日从六冖聲日數十十六日而月始虧幽也凡冥之屬皆从冥

濤案文選魏都賦注引冥幽昧也思元歎逝二賦注陶潛還江陵夜行塗口詩注引冥窈也蓋古本作冥幽昧也一曰窈也今本爲二徐妄刪詩斯干傳冥幼也崔靈恩本作窈音杳此冥訓窈之証

又案一切經音義卷十七引冥幽也幽闇也冥字从日从六日數十十六日而月始虧幽也冖聲卷二十四引冥幽也亦夜也字从冖从日从六日數十十六日而月始虧冥字意也不但與文選注所引不同而兩引各有舛異後漢書張衡傳

注又引冥幽冥也葢所據本旣不同傳寫又復有誤其義亦得兩通要不得如今本所云耳

晶部

曐萬物之精上爲列星从晶生聲一曰象形从口古口復注中故與日同𠀤古文星星曐或省濤桼五行大義論七政引云星者萬物之精或曰日分爲星故其字日下生此釋重文星字之義本春秋說題辭許君解字多用緯書說今本爲二徐所妄刪

月部

月闕也太陰之精象形凡月之屬皆从月

濤案止觀輔行傳一之二引月者闕也有盈有虧故名爲闕是古本尙有有盈有虧八字今奪

又案止觀輔行傳三之四引月者亦名望舒月望則舒葢古本有此十字今本爲淺人所删此所引或在壬部望字注

又案止觀輔行傳三之四引月者亦名恆娥亦名常娥月初月未恆常如娥數語今本亦奪

朔 月一日始蘇也从月屰聲

濤案文選郭璞遊仙詩注引朔月一日始也乃傳寫奪一蘇字非古文無之

朏 月未盛之明从月出周書曰丙午朏

濤案御覽四天部引朏月未成明也蓋古本如是今本傳寫誤成爲盛淺人遂刪去也字加一之字以就文義可謂無知妄作矣釋名釋天朏月未成明也正本許書文選月賦注引作月未成光光明義得兩通尙書畢命正義及玉篇引同今本疑淺人據今本改

霸月始生霸然也承大月二日承小月三日从月䨣聲周書曰哉生霸𩂣古文霸

濤案御覽四天部文選月賦注曹植應詔讌曲水詩注引霸然作魄然蓋以通用字代正字自當以作霸爲是御覽小注中又引承大月月生二日謂之魄承小月月生三日謂之朏

朏音斐則承大月云云乃說文注中語非許書原文今本竄
入正文而又妄加刪節誤矣

又案書武成釋文云魄說文作霸云月始生魄然皃元朗既
云說文作霸則魄然必作霸然後人傳寫誤耳也皃義得兩
通鄉飲酒義釋文仍引作也

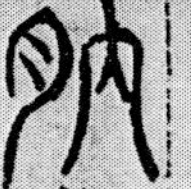
朔而月見東方謂之縮朒从月內聲

濤案文選月賦注引朒朔而月見東方縮朒然葢古本如是
此與始生霸然一例今本乃淺人妄改篆文亦當作朒字又
引無朔而二字葢奪

囧部

囧 窗牖麗廔闓明象形凡囧之屬皆從囧讀若獷賈侍中說讀與明同

濤案一切經音義卷五引窻牖間明白囧開乃闓字傳寫之誤

盟 周禮曰國有疑則盟諸侯再相與會十二歲一盟北面詔天之司慎司命盟殺牲歃血朱盤玉敦以立牛耳从囧从血盟篆文从明盟古文从明

濤案汗簡卷中之一盟作盟是古本古文篆體如此今本微誤

夕部

夝雨而夜除星見也从夕生聲

濤案廣韻十四淸引星見作見星葢古本如是見星星見義得兩通然史記天官書曰天暒而見景星則作見星爲是又案生聲疑當作星省聲史記作暒葢从星不省而又誤夕爲日耳

外遠也卜尙平旦今夕卜於事外矣外古文外

濤案玉篇引作表也遠也是古本尙有表也一訓今奪

多部

多重也从重夕夕者相繹也故爲多重夕爲多重日爲曡凡多之屬皆从多𡖋古文多

濤案汗簡卷中之一云从多見說文是古本重文不作夠矣

夠與正篆重出當以汗簡所據篆體爲正

補𡖍

濤案詩螽斯釋文云詵詵所巾反眾多也說文作𡖍音同是

古本有𡖍篆今奪又焱部燊字解云讀若詩曰莘莘征夫莘

莘當作𡖍𡖍

毌部

虜獲也从毌从力虍聲

濤案汗簡卷中之一引演說文虜字作⿱虍貝虜字似不宜从貝

疑或貫字之異文傳寫誤也

𢎘部

𢎘嘾也艸木之華未發圅然象形凡𢎘之屬皆从𢎘讀若含

濤案玉篇引華下有實字葢古本如是今奪下文𣐺部𣐺草木垂華實亦兼華實言也據玉篇增

圅舌也象形舌體𢎘𢎘从𢎘𢎘亦聲肣俗圅从肉今

濤案詩行葦釋文引云圅舌也又云口裏肉也是古本有一曰口裏肉也六字今奪

𣐺部

𣐺木垂華實从木𢎘𢎘亦聲凡𣐺之屬皆从𣐺

濤案玉篇引木上有草字葢古本如是今奪

片部

片 判木也从半木凡片之屬皆从片

濤案五經文字云片象半木形葢古本如是半木不可言从部首卒多象形字

牘 書版也从片賣聲

濤案後漢書蔡邕傳注引牘書版也長一尺葢古本如是今本奪下三字

牒 札也从片葉聲

濤案文選吳都賦注劉孝標廣絕交論注引牒記也一切經音義卷三引牒禮也姚衕書曰記禮皆字形相近之譌禮古

文作祀赭白馬賦及七命注左氏昭二十五年正義引作札

牖穿壁以木爲交窗也从片戶甫譚長以爲甫上日也非戶也牖所以見日

濤案文選鸚鵡賦注引無木交二字葢古本如是在牆曰牖在屋曰窗正不必用木亦并不必交也

鼎部

鼎三足兩耳和五味之寶器也昔禹收九牧之金鑄鼎荆山之下入山林川澤螭魅蝄蜽莫能逢之以協承天休易卦巽木於下者爲鼎象析木以炊也籀文以鼎爲貞字凡鼎之屬皆从鼎

濤案類聚七十三雜器物部引寶器作彝器義得兩通收作
貢御覽七百五十六器物部亦作貢蓋古本如是入山林上
御覽有民字亦古本有之今奪類聚民作以蓋避唐諱作人
傳寫又誤爲以耳
又案類聚又引鼎上大下小五字今本亦奪
又案小徐本作古文以貞爲鼎籀文以鼎爲貞郭忠恕佩觿
云古文以貞爲鼎籀文以鼎爲則皆與大徐本不同佩觿則
字當是貞字傳寫之誤
鼒鼎之圜掩上者从鼎才聲詩曰鼐鼎及鼒鎡俗鼒从金从
茲

濤案詩緇衣釋文云鼒音茲小鼎也說文作鎡字音茲是古本引詩在重文之下且作鎡不作鼒矣今本乃二徐據當時所傳毛詩本改

克部

克肩也象屋下刻木之形凡克之屬皆从克克古文克克亦古文克

濤案汗簡卷中之一引顏黃門說文克字作克顏黃門者北齊顏之推也然則之推亦有說文矣

禾部

禾嘉穀也二月始生八月而孰得時之中故謂之禾禾木也

木王而生金王而死从木从𠂹省𠂹象其穗凡禾之屬皆从禾

濤案齊民要術引二月上有以字得時之中作得之中和文

選思元賦注引二月生八月孰得中和故曰禾是古本二月

上有以字得時之中作得時之中和今本奪和字耳金王而

死思元賦注引作木衰而死葢亦古本如是以證从木之義

也藝文類聚八十五百穀部引始生作而種後漢書張衡傳

注初學記二十七引二月上有至字皆與今本不同

稼禾之秀實爲稼莖節爲禾从禾家聲一曰稼家事也一曰

在野曰稼

濤案初學記花艸部引無家字葢傳寫偶奪

穡穀可收曰穡从禾嗇聲

濤案御覽八百二十四資產部引穡穀可收嗇也葢古本如是詩桑柔釋文引王注云穡收穡也收穡即收嗇雙聲字

稑疾孰也从禾坴聲詩曰黍稷種稑稑或从翏

濤案詩七月釋文引後種先孰曰稑葢古本如是周禮內宰注鄭司農云後種先孰謂之稑豳風傳亦云先孰曰穋是毛鄭許皆同也

穈稻紫莖不黏也从禾糞聲讀若靡

濤案齊民要術二引作稻紫莖不黏者御覽八百三十七百穀部引作稻紫莖不黏者也是古本多一者字

秫稷之黏者从禾朮象形朮秫或省禾

濤案匡謬正俗八引作秫稷秔者秔當爲黏字之誤爾雅眾秫注云謂黏粟也齊民要術引孫炎注同其引說文亦同今本諸家說秫皆爲黏粟秔本稻屬無緣屬稷此葢傳寫之誤不得疑古本如是也

又案御覽八百三十九百穀部引廣雅曰秫稷稉也似與顏氏所引說文同矣今本廣雅云秫稬也稬本黏稻之名無緣釋秫竊意廣雅當作秫稷稬也今人猶以凡物之柔軟者爲稬猶言稷之黏者御覽傳寫誤稬爲稉今本又奪一稷字耳崔豹古今注曰稻之黏者爲秫稻當爲稷字之誤

又案初學記花艸部引秫稷之粘者也又曰秫粘粟也是古
本尚有一解

穄　糜也从禾祭聲

濤案一切經音義卷十五卷十七皆引穄糜也似黍而不黏
者關西謂之糜是古本尚有似黍以下十一字今奪卷十六
引同無糜也二字

稻　稌也从禾舀聲

稌　稻也从禾余聲周禮曰牛宜稌

濤案匡謬正俗八引稻稌也沛國謂稻為稌蓋古本如是爾
雅釋草稌稻注曰今沛國呼稌景純當本許書為說今本稬

字注云沛國謂稻曰稬葢因聲近傳寫譌誤又移於稬字之
下不知稬爲黏稻非稻之總名亦非僅沛國呼之也惟沛國
謂稻爲稌句當爲稌字注不當爲稻字注顏氏書疑亦傳寫
誤倒
又案爾雅釋艸釋文引同今本亦云依說文糯卽稻也是元
朗所見之本與二徐本同矣然稬究不得爲稻之總名自當
以師古所引爲正
又案爾雅釋文引字林云糯黏稻也糯卽稬字之俗字林之
訓當本說文以下文稴稻不黏者例之稬字注當云稻之黏
者

又案御覽八百四十二百穀部引稌穈也穈爲稌字之解而御覽列于稌條自非傳寫之誤當是古本有此一解

稴 稻不黏者从禾兼聲讀若風廉之廉

濤案初學記二十七寶器部引作稻紫莖不黏者桂大令曰疑誤引穬字訓

穬 芒粟也从禾廣聲

濤案一切經音義卷十一引穬芒穀也卷十八又引穬芒麥也是古本不作粟字周禮稻人澤艸所生種之芒種注引鄭司農云芒種稻麥也稻麥不得稱粟穀麥義得兩通

稗 禾別也从禾卑聲琅邪有稗縣

濤案文選七啟注引稗禾別名稗爲艸之似穀別當讀爲分別之別自當作也不當作名選注乃傳寫之誤

穎 禾末也从禾頃聲詩曰禾穎穟穟

濤案文選魏都賦注引穎穗也葢古本如是詩生民寔穎寔栗傳曰穎垂穎也書序異畝同穎僞孔傳云穎穗也文選思元賦旣垂穎而顧本兮崇賢引舊注曰穎穗也小爾雅廣雅釋物禾穗謂之穎則穎實訓穗今本乃二徐妄改後漢書張衡傳注云穎穟也穟亦穗字之誤詩生民正義御覽八百三十九百穀部引同今本疑後人據今本改

采 禾成秀也人所以收从爪禾穗采或从禾惠聲

濤案一切經音義卷八卷十二兩引禾成秀人所收者穗也卷二十二引禾成秀人所收者曰穗也爾雅釋艸釋文引穗禾成秀人所收也合四引互訂古本當如元朗所引今本以字誤衍無疑

又案爾雅釋艸釋文云穗俗字是古本不云或體也小徐本采或二字亦作俗

穟禾采之皃从禾遂聲詩曰禾穎穟穟蓫穟或从艸

濤案爾雅釋艸釋文引作禾垂之皃是古本不作采五經文字亦云穟禾垂皃

穮耕禾間也从禾麃聲春秋傳曰是穮是衮

濤案詩載芟爾雅釋訓釋文皆引作耨鉏田也葢古本如是釋文又別引字林云耕禾閒也則今本乃二徐以字林改說文耳

穫 刈穀也从禾蒦聲

濤案御覽八百二十四資產部一切經音義卷三卷五卷九卷十二皆引作刈禾也是古本作禾不作穀易无妄不耕穫集解引虞注云禾在手中故稱穫葢釋所以从蒦之意也

穅 穀皮也从禾从米庚聲 康 穅或省

濤案爾雅釋器釋文云康說文作穅或省禾是古本省下有禾字

稭 禾稾去其皮祭天以爲席从禾皆聲

濤案一切經音義卷十四引作祭天以爲藉也葢古本如是今本作席乃音近而誤史記封禪書索隱引作祭天以此乃引書者檃括之語

穰 黍粱已治者从禾襄聲

濤案一切經音義卷四引作黍治竟者也治竟已治義得而通卷十五又引穰黍稠也禾穰也義不可曉恐是傳寫有誤

穀 續也百穀之總名从禾殸聲

濤案一切經音義卷六御覽八百三十七百穀部引皆作百穀總名也是古本無之字有也字

䆃禾也从禾道聲司馬相如曰䆃一莖六穗
濤案史記相如傳索隱引嘉禾一名䆃是古本禾上有嘉字今奪顏氏家訓稱說文云䆃是禾名是黄門所據本亦無嘉字

秋禾穀孰也从禾龜省聲龝籒文不省
濤案御覽二十四時序部引天地反物爲秋字从禾𤋳省聲是古本有天地反物爲秋六字反物字義不可曉然五行大義釋五行名亦引天地反物爲秋其位西方是反物二字非傳寫之誤姑从闕疑

程品也十髮爲程十程爲分十分爲寸从禾呈聲

濤案類聚五十四御覽刑法部皆引作十發爲程十程爲寸發乃髮字傳寫之誤段先生曰百髮爲分斷無是理蓋古本當如二書所引今本爲分十分四字衍

又案文選長笛賦注引程示也蓋古本尚有此一解

秅　二秭爲秅从禾乇聲周禮曰二百四十斤爲秉四秉曰筥十筥曰稯十稯曰秅四百秉爲一秅

濤案廣韻九麻引秅秭也乃傳寫奪二字又引周禮云聘禮曰十斗曰斛十六斗曰籔曰秉四秉曰筥十筥曰稯十稯曰秅蓋古本如是今本爲二徐妄改

補　[illegible]

濤案詩黍離釋文云說文作穛則古文當有穛篆且有引詩彼黍穛穛之語今本爲二徐妄刪玉篇云穛長沙云禾把也廣韻五支云長沙人謂禾二把爲穛未知本於許書否

補 稊

濤案艸部蕛从艸稊聲是本有稊字易枯楊生稊虞翻云稊穉也夏小正柳稊傳云稊也者發孚也

黍部

黍 禾屬而黏者也以大暑而種故謂之黍从禾雨省聲孔子曰黍可爲酒禾入水也凡黍之屬皆从黍

濤案廣韻八語黍說文云禾屬而黏也引孔子曰黍可爲酒

故从禾入水也龍龕手鑑亦引孔子曰黍以可爲酒故从禾入水也葢古本禾字上尚有故从二字黍本會意字从禾从入从水說文部首罕有形聲者雨省聲之語乃後人妄羼黍可爲酒二語當亦緯書說許君引以解字二徐删去故从二字妄矣

香部

馨 篆 香之遠聞者从香殸聲殸籀文

濤案華嚴經音義卷七十五引謂香之遠聞也葢古本者字作也謂字慧苑所足

補 馣

補 馣

濤案文選上林賦注引馣馤香氣奄藹也又云馣馤與晻薆音義同葢以賦文作晻薆字祟賢引許書以證馣馤之郎晻薆耳則古本必有此二篆今奪

米部

糟 酒滓也从米曹聲 䴘 籀文从酉

濤案御覽八百六十飲食部引無酒字乃傳寫誤奪

糒 乾也从米葡

濤案後漢書明帝紀注隗囂傳注文選弔魏武帝文注一切經音義卷十五皆引糒乾飯也是古本有飯字御覽八百六

十飲食部引糒乾食也食乃飯字傳寫之誤可見古本皆有此字此字必不可奪元應書又有一曰熬大豆與米也是古本尙有一解然本部糗熬米麥也周禮注引鄭司農云糗熬大豆與米也則熬米一豆之訓屬糗不屬糒恐元應書傳寫有誤

糗 熬米麥也从米臭聲

濤案御覽八百六十飲食部引糗熬米也乃傳寫奪一麥字非古本無之尙書費誓正義引有麥字可證

糈 糧也从米胥聲

濤案龍龕手鑑引作粱米也糈爲祭神精米似不應訓爲糧

而亦不應專作粱米恐古本皆不如是當从闕疑

䊝糂䊝散之也从米殺聲

濤案左傳昭元年釋文云而蔡音素葛反放也說文作䊝音同字从殺下米云糂䊝散之也會杜義昭元年正義云說文云䊝散之也从米殺聲然則䊝字殺下米也䊝爲放散之義故訓爲放也隸書改作已失本體䊝字不復可識寫者全類蔡字至有書爲一蔡字重點以讀之者定四年正義同嚴孝廉云蓋六朝唐本殺聲下有春秋傳曰䊝蔡叔又正義兩引䊝散之也無糂䊝二字乃古人節引之例非所據本不同也又案龍龕手鑑引作迸散也乃傳寫有誤

說文古本攷第七卷下　　嘉興沈濤纂

耑部

耑物初生之題也上象生形下象其根也凡耑之屬皆从耑

濤案其根玉篇引作生根葢傳寫之誤

韭部

韭菜名一種而久者故謂之韭象形在一之上一地也此與耑同意凡韭之屬皆从韭

濤案爾雅釋艸釋文引久上有長字御覽九百七十六菜部引作菜一種久而生也久而生當作而久生此與今本皆義可兩通今本葢奪生字

瓜部

瓜 㼌也象形凡瓜之屬皆从瓜

濤案玉篇及廣韻九麻皆引㼌作蓏葢古本如是所謂在地曰蓏今本作从二瓜之字非其義也

瓞 小瓜也从瓜熒省聲

濤案齊民要術二引作小瓜瓞也是今本奪一瓞字

瓣 瓜中實从瓜辡聲

濤案初學記二十八果木部引作瓜實也乃傳寫奪一中字詩東山正義文選謝惠連祭古冢文注引同今本可證

宀部

家居也从宀豭省聲家古文家

濤案御覽百八十一居處部引內謂之家上文云牖戶之間謂之扆皆爾雅釋宮文恐傳寫誤爲說文耳

又案汗簡卷中之一篆體作□是今本古文篆體微誤

宅所託也从宀乇聲宅古文宅厇亦古文宅

濤案御覽百八十居處部引宅人所託也是今本奪一人字

廣韻二十陌又引宅託也人所投託也此乃古本之完文

宧養也室之東北隅食所居从宀臣聲

濤案爾雅釋宮釋文云宧音怡李云東北者陽氣始起育養萬物故曰宧養也說文訓同云說同則說文當亦謂陽氣始

起育養萬物與李注略相似矣今本殆爲二徐妄刪
宛也室之西南隅从𢍏聲
濤案爾雅釋宮釋文引奧室也蓋古本如是禮記仲尼燕居
云目巧之室則有奧阼論語孔注曰奧內也爾雅釋宮注云
室中隱奧之處宛爲屈艸自覆非其義一切經音義卷六引
奧究也乃傳寫之誤究訓爲窮亦非其義
屋邊也从宀于聲易曰上棟下宇㝢籀文宇从禹
濤案一切經音義卷七卷二十五引作屋邊檐也是古本有
檐字今奪
安也从宀心在皿上人之飲食器所以安人

濤案廣韻十五靑人之上有皿字蓋古本如是飲食作食飲
乃傳寫誤倒

寔止也从宀是聲

濤案一切經音義卷二十三引寔止也亦實也是古本尚有
實也一訓

宋無人聲从宀尗聲　諔宋或从言

濤案一切經音義卷十一引宋寞蓋古本有一曰宋莫也五
字寞乃莫字之俗

寴至也从宀親聲

濤案廣韻十九眞以寴爲親之古文則古文此字乃見部重

文二徐誤竄於此秦嶧山碑親巡遠方作親𨘢遠方親為親
之古文有徵矣

寑 臥也从宀侵聲𡨦籀文寑省

濤案汗簡卷中之一云𡨦寑𡪢上同並見說文則許書尚有
重文𡪢字矣𡪢亦从宀不从一

宙 舟輿所極覆也从宀由聲

濤案漢書相如傳注引宙舟輿之所極覆也是古本有之字
史記相如傳正義引無覆字蓋傳寫偶奪莊子齊物論釋文
引舟輿所及覆曰宙庚桑楚釋文引舟輿所極覆為宙皆引
書檃栝之例非古本如是又文選江賦注引輿作車義得兩

補⿱宀㼌

濤案詩召旻臯臯訿訿傳曰訿訿⿱宀㼌（刊本誤作窳）不供事也釋文云窳音庾說文云嬾也正義曰釋訓云翕翕訿訿莫供職也是訿訿爲⿱宀㼌不供其職也說文云窳嬾也草木皆自豎立唯瓜瓠之屬臥而不起似若嬾人常臥室故字从宀音眠是陸孔所據本皆有⿱宀㼌字訓解爲嬾正義明言字从宀音眠則字不从穴作窳字者非草木皆自豎立云云當亦許書本文一切經音義卷十四引楊承慶云嬾人不能自起瓜瓠在地不能自立故字从㼌又嬾人恆在室中故从穴从穴乃从宀之

譌字統當亦本許書爲說爾雅釋詁愉勞也郭注云勞苦者
多惰愉今字或作窳一切經音義卷九卷十卷十一卷十四
卷十五卷十七卷十九引爾雅經注皆作窳不作愉是元應
所據本窳爲正字注又當云今字或作愉今窳愉互易而又
譌窳爲寙元應書亦誤作寙皆後人妄改宋版邢疏引郭注
从宀不从穴則改之未盡者臧明經曰史記貨殖列傳以故
呰窳偷生徐廣曰呰窳苟且墮嬾之謂也駰案晉灼曰窳病
也索隱曰窳音庾漢書五行志茲謂主窳臣夭孟康曰謂君
惰窳用人不以次第爲天也師古曰窳音庾曰窳惰也商子
懇令篇農無得糶則窳惰之農勉疾又窳惰之農勉疾商欲

農則草必懇矣又惰民不寙而庸民無所於食是必農又愛
子惰民不寙則故田不荒鹽鐵論通有篇然後呰寙偷生好
衣甘食論衡命義篇稟性軟弱者氣少泊而性羸寙羸寙則
壽命短文選枚乘七發血脈淫濯手足惰寙李善注應劭漢
書注曰寙弱也餘乳切此皆說文寙字之證也玉篇宀部廣
韻九麌皆無寙字故諸書誤以窳字當之然說文此部呰寙
也闕玉篇此部呰史記云呰寙偷生謂苟且也廣韻四紙呰
寙也則說文玉篇俱有寙字可於注中驗之雖今本亦誤同
諸書从穴據其義知本从宀也其說甚辨而確當補寙篆
又案集韻九噳寙嬾也史記呰寙偷生勇主切類篇寙勇主

切嬾也史記呰窳偷生是宋本史記此字从𠚕不從穴窳窳

不得渾而爲一

宮部

營 市居也从宮熒省聲

濤案文選西京賦注引營惑也乃古本一曰以下之奪文

呂部

呂 脊骨也象形昔太嶽爲禹心呂之臣故封呂侯凡呂之屬

皆从呂膂篆文呂从肉从旅

濤案一切經音義卷十九卷二十二兩引呂脊骨也太岳爲

禹臣委如心呂因封呂侯也葢古本如是今本義雖得通而

非許書眞面目矣玉篇引同今本疑後人據今本改

穴部

穴 土室也从宀八聲凡穴之屬皆从穴
濤案土室詩緜正義引作土屋義得兩通

𥤦 地室也从穴復聲詩曰陶覆陶穴
濤案詩緜釋文云復說文作𥤦是古本稱詩作𥤦不作覆也
宋小字本亦作𥤦許君引詩于覆字之下自應作𥤦

竈 炊竈也从穴鼀省聲𥨍竈或不省
濤案史記孝武本紀索隱引周禮以竈祠祝融葢古本有此
七字淮南時則訓孟夏之月其祀竈注云祝融吳回爲高辛

氏火正死爲火神託祀於竈是月火旺故祀竈禮記正義引作經異義古周禮說顓頊氏有子曰黎爲祝融祀以爲竈神然則許君所稱周禮者謂古周禮說也二徐以爲周禮無此文而刪之矣

宩深也一曰竈突从穴从火从求省

濤案汗簡卷中之二引演說文㴱字作宩據許書則宩爲㴱之从聲庾氏葢以宩㴱爲一字

窊汙衺下也从穴瓜聲

濤案文選長笛賦注引作邪下也乃傳寫奪一汙字吳都賦注引同今本可證玉篇所引亦同

竅空也从穴敫聲

濤案莊子應帝王釋文引空作孔義得兩通

䆗空也从穴巠聲詩曰瓶之䆗矣

濤案一切經音義卷九引作器中空也是古本尚有器中二字今本奪以引詩語證之此二字不可少

窞坎中小坎也从穴从臽臽亦聲易曰入于坎窞一曰旁入也

濤案易坎卦釋文窞引說文云坎中更有坎蓋古本如是又別引字林云坎中小坎一曰旁入則今本乃後人據字林改耳文選長笛賦注引同今本或古本亦有如是作者

窌 窖也从穴卯聲

濤案史記建元以來侯者年表索隱云南窌侯公孫賀說文以爲从穴是古本說解中必有引漢表南窌侯語故小司馬云然今本乃爲二徐妄刪

窖 地藏也从穴告聲

濤案一切經音義卷二十引窖地藏也又云穿地爲室藏五穀者也又云當爲注云之誤乃庾氏注中語以釋地藏之義非許書之一訓也淺人不知說文有注而妄改之

窬 穿木戶也从穴俞聲一曰空中也

濤案一切經音義卷九引窬門旁穿木戶也是古本有門旁

二字禮儒行華門圭竇注云門旁窬也穿牆爲之如圭矣釋文引三蒼解詁云圭窬門旁小窬也是窬爲門旁穿木之戶不得刪去此二字儒行釋文引同今本乃元朗節引非古本無此二字也玉篇又引禮記曰華門圭窬當亦許氏稱經語而今本奪之

窺小視也从穴規聲

濤案一切經音義卷七引窺闚小視也闚字乃傳寫誤衍他卷皆引同今本可證

突犬從穴中暫出也从犬在穴中一曰滑也

濤案龍龕手鑑引無暫字葢傳寫偶奪

窔 窅窔深也从穴交聲

濤案爾雅釋宮釋文云窔說文云深皃本或作窅又作窔同是元朗所見本在宀部訓爲深皃與今本不同今宀部無宎字而有官字云室之東南隅則釋文云本或作窅者當作本或作官疑古本窔爲官之重文官字解當云深皃今本戶樞聲無義

邃 深遠也从穴遂聲

濤案華嚴經二十二音義引邃深也葢古本無遠字廣雅釋詁楚辭招魂注皆云邃深也離騷云閨中既邃遠兮邃遠猶言深遠邃兼遠言其不訓遠可知王逸注邃深也惟後漢書班彪傳

注云邃古猶遠古也文選典引作遂古亦訓遠古葢深與遠義本相成許書固訓深不訓深遠也玉篇引同今本疑後人據今本改

窈　深遠也从穴幼聲

窱　杳窱也从穴條聲

濤案文選魏都賦注引窈窕深遠也葢古本如是窕乃窱字之假此文當云窈窱深遠也窱窈窱也二徐不知篆文連注讀之例刪去窱字又誤窈爲杳後人遂不知窕窱爲雙聲字矣他書諸言窈窕言杳窱者皆窈窱之假借長門賦注引無窱字乃節取窈字之義崇賢引書之例往往如此

穸窀穸也从穴夕聲

濤案文選謝惠連祭古冢文注引穸葬下棺也葬下棺乃窆字之訓案上文窀字注云窀葬之厚夕雖與左傳杜注訓窀爲厚訓穸爲夜相合然葬之厚夜語頗不詞疑古本作窀穸葬下棺也穸窀穸也選注穸上亦應有窀字

㝱部

㝱寐而有覺也从宀从疒夢聲周禮以日月星辰占六㝱之吉凶一曰正㝱二曰咢㝱三曰思㝱四曰悟㝱五曰喜㝱六曰懼㝱凡㝱之屬皆从㝱

濤案廣韻一送引㝱寐而有覺周禮以日月星辰占六㝱之

吉凶一曰正㝱無所感動平安自㝱二曰㦶㝱㦶而㝱三曰
思㝱覺時所思念之而㝱四曰寤㝱覺時所（當有奪字）道之而㝱
五曰喜㝱喜悅而㝱六曰懼㝱恐懼而㝱是今本爲二徐妄
節多矣㦶寤二字亦與今本不同

[篆] 病臥也从㝱省𡨘省聲
濤案廣韻四十七寑引作𡫳蓋古本篆體作𡫳嚴孝廉曰𡨘
省聲省宀非省文也

[篆] 臥驚也一曰小兒號寣寣一曰河內相評也从㝱省从言
濤案汗簡卷中之一[篆]寣見說文是古本此字向有重文

疒部

疒 倚也人有疾病象倚箸之形凡疒之屬皆从疒

濤案玉篇倚有疒字云籀文是古本此字有重文今奪

癇 病也从疒間聲

濤案一切經音義卷十二引癇風病也是古本有風字今奪

⿸疒或 頭痛也从疒或聲

濤案玉篇引也作皃義得兩通

疦 ⿸疒爲也从疒決省聲

濤案廣韻十六屑引⿸疒爲作爲乃傳寫奪疒頭

癭 頸瘤也从疒嬰聲

濤案莊子德充符釋文御覽七百四十疾病部皆引作瘤也

無頸字葢古本如是莊子釋文又別引字林作頸瘤也則今本乃涉字林而誤耳

瘻頸腫也从疒婁聲

濤案一切經音義卷十八引作頸腫病也病字葢衍

疛小腹病从疒肘省聲

濤案廣韻四十四有引作小腹痛義得兩通

疥搔也从疒介聲

濤案文選登徒子好色賦注御覽七百四十二疾病部皆引疥瘙也禮記內則釋文引疥瘙瘍也是古本作瘙不作搔元朗所據本并有瘍字許書無瘙字當是二徐本奪左氏昭二

十年正義仍引搔乃假借非正字

痤 小腫也从疒坐聲一曰族絫

濤案左氏桓六年傳云爲其不疾瘯蠡也釋文云蠡說文作瘰云瘯瘰皮肥也是元朗所見本有瘯瘰二篆二徐改爲族絫以作痤字之一解妄矣

又案一切經音義卷二十引痤腫也乃傳寫奪一小字他卷皆引同今本可證玉篇所引亦同

疽 癰也从疒且聲

濤案後漢書劉焉傳注一切經音義卷九卷十卷十八卷二十皆引疽久癰也是古本有久字音義卷一引同今本乃傳

寫偶奪

瘜寄肉也从疒息聲

濤案一切經音義卷二引作奇肉也乃傳寫偶奪寄字之半卷十八引作寄肉可證御覽三百七十五人事部亦引作寄

瘕女病也从疒叚聲

濤案詩思齊正義引作病也葢古本無女字史記倉公傳曰潘滿如小腹痛臣意診其脉曰遺積瘕也女子薄吾病甚臣意診其脉曰蟯瘕也是瘕不得專屬女矣玉篇訓爲从病則女字或从字傳寫之誤

癘惡疾也从疒蠆省聲

濤案詩思齊正義引癘疫疾也或作癩是古本不作惡疾公羊傳作痢注云痢者民疾疫也是古訓以癘爲疫疾孔云或作癩則古本此字有重文从賴玉篇云癘力誓切疫氣也說文本力大切惡病也是所據本又不同

瘧 熱寒休作从疒从虐虐亦聲

濤案左傳昭二十年正義引作熱寒并作義得兩通御覽七百四十二疾病部引同今本

痁 有熱瘧从疒占聲春秋傳曰齊侯疥遂痁

濤案御覽七百四十二疾病部引無有字乃傳寫偶奪顏氏家訓書證篇左氏昭二十年傳正義引皆有之可證

痎二日一發瘧从疒亥聲

濤案顏氏家訓書證篇引作二日一發之瘧是古本有之字今奪

痳疝病从疒林聲

濤案一切經音義卷二十引作小便病也蓋古本如是痳之與疝病不相同本部訓疝爲腹痛釋名釋疾病疝詵也氣詵詵然上入而痛也淋懍也小便難懍懍然也是淋疝爲二症古今無異不得訓痳爲疝今本之誤顯然

瘇脛气足腫从疒童聲詩曰既微且瘇[尣童]籀文从尣

濤案爾雅釋訓釋文云尰本或作[尣童]同並籀文瘇字也是古

本尙有重文尰篆玉篇亦云籒文作𡰥或作尰
又案汗簡卷中之一引說文瘇字作𤺚是古本尙有重文古
文瘇字今奪

痏 疻痏也从疒有聲
濤案文選稽叔夜幽憤詩注引痏瘢也葢古本一曰以下奪
文

痋 動病也从疒蟲省聲
濤案一切經音義卷七卷十四卷十八引痋動痛也葢古本
如是今之疼字卽痋字之俗自應作痛不應作病

痞 痛也从疒否聲

濤案御覽七百三十八疾病部引痞腹病也蓋古本如是廣韻曰腹內結痛正合腹病之義若如今本則凡痛皆爲痞矣今人猶言腹中癥結爲痞

𤵸久病也从疒古聲

濤案一切經音義卷二十四引痼病也乃傳寫奪一久字文選劉公幹贈曹丕詩注引痼久也乃傳寫奪一病字皆非古本如是痼卽𤵸字之別體玉篇痼久病也𤵸同上以痼爲正文𤵸爲或字古本當有重文痼篆桂大令以爲痼𤵸異體非也

癆朝鮮謂藥毒曰癆从疒勞聲

濤案廣韻三十七號引朝鮮謂下有飲字葢古本如是小徐本亦有飲字

⿸疒衰 減也从疒衰聲一曰耗也

濤案一切經音義卷一引⿸疒衰減也亦損也卷二十五引⿸疒衰減也損也是古本尙有損也一義

補 ⿸疒畏

濤案詩卷耳釋文云虺說文作⿸疒畏隤說文作頹（卽穨字之别）是古本有⿸疒畏篆今奪字當从疒畏聲引詩云我馬⿸疒畏穨

補 痏

濤案文選謝靈運登海嶠詩注引痏疲也是古本有痏篆今

奪列子楊朱篇心痟體煩

補 㿃

濤案一切經音義卷十八卷二十二兩引瘷逆气也是古本有瘷篆今奪

補 瘦

濤案列子黃帝篇釋文引瘦疼痛也是古本有瘦篆今奪篇韻皆有瘦字

補 痯

濤案龍龕手鑑引云痯勞病也是古本有痯篆此字見詩爾雅不應爲許書所無

冖部

託奠爵酒也从冖託聲周書曰王三宿三祭三託

濤案書顧命釋文引作奠爵也是古本無酒字韻會二十二禡引亦無之是小徐本尚未誤衍也

冃部

冡覆也从冃豕

濤案華嚴經音義上引說文曰蒙謂蕫蒙也蒙卽冡之假借从艸者爲王女經典借用爲童蒙蒙覆字慧苑此引亦卽冡字之一訓今本爲二徐妄刪

又案目部矇童矇也段先生曰此與周易童蒙異謂目童子

如彖覆也以慧苑書證之此實彖字之一解二徐刪之而妄竄於彼耳說詳目部

曰部

冕大夫以上冠也邃延垂瑬紞纊从曰免聲古者黃帝初作冕絻冕或从糸

濤案御覽六百八十六服章部引古者作昔作作制義得兩通

冑兜鍪也从日由聲䡴司馬法冑从革

濤案左傳僖二十二年正義御覽三百五十六兵部皆引冑兜鍪首鎧也兜鍪首鎧乃兜部兜字之訓引書者櫽括節引

非古本有此二字也尙書費誓正義引冑兜鍪也兜鍪首鎧

也分引明晰可證

又案初學記卷二十二武部引首鎧謂之兜鍪亦曰冑亦是

幷引冑兜二字訓解

冒冡而前也从冃从目𠕅古文冒

濤案文選顏延之拜陵廟作詩注引冒覆也葢古本尙有此

一解廣韻三七號亦云冒覆也

网部

网庖犧所結繩以漁从冂下象网交文凡网之屬皆从网罔

网或从亡網网或从糸𠕈古文网罓籀文网

濤案御覽八百三十四資產部引以漁上有以田二字下有也字廣韻三十六養同蓋古本如是許君本用易繫傳語网不盡爲漁者之用捕鳥之罻网兔之罝皆田獵之物今本乃淺人所刪

又案汗簡卷下之一𦃃網見說文是古本尚有此重文今奪

又案玉篇𠔿古文网則今本作籒文者誤也𠔿网二篆古文籒文疑傳寫誤易

冞 周行也从网米聲詩曰冞入其阻粟冞或从占

濤案詩殷武釋文引作冒也蓋古本如是六書故言鄭箋訓冒與說文合則戴氏所見本亦作冒不作周行周行義不可

解小徐本作周亦是冐字傳寫之誤淺人又妄加行字耳

罛魚罟也从网瓜聲詩曰施罛濊濊

濤案御覽八百三十四資產部引無魚字乃傳寫偶奪

罠釣也从网民聲

濤案御覽八百三十四資產部引作畋也蓋古本如是爾雅釋器彘罟謂之羉釋文羉本或作罠釣也彘非可釣之物乃後人據今本說文改非陸氏原文廣雅罠兔罟也劉逵吳都賦注罠麋網也皆爲畋獵之用

罻捕鳥网也从网尉聲

濤案御覽八百三十二資產部引無网字乃傳寫偶奪詩魚

麗正義引同今本可證

罘兔罟也从网否聲

濤案後漢書寇榮傳注引作兔网也義得兩通

羈馬絡頭也从网从馽馽馬絆也羈或从革

濤案左氏僖二十四年正義引羈馬絡頭也又曰馬絆也是馬絆乃羈字之一訓非解馽字也一切經音義卷十五引革絡馬頭曰羈乃元應櫽括節引之然所據本絡頭上當有一革字文選曹子建白馬篇注引無馬字乃傳寫偶奪

襾部

襾覆也从冂上下覆之凡襾之屬皆从襾讀若晉

濤案五經文字云襾从冂上下相覆之形葢古本如是今本

𧟄實也考事襾笮邀遮其辤得實曰覈从襾敫聲覈覈或从

為二徐妄節

雨

濤案後漢書和帝紀注文選長笛賦注一切經音義卷七卷

十二皆引覈考實事也葢古本如是今本考事以下十二字

當是庾氏注語以釋考實事之義後人妄以竄入正文遂將

正文攷事二字删去誤矣音義引此四字下尚有亦審覈之

也五字似亦非許君原文

巾部

幋覆衣大巾从巾般聲或以爲首鞶

濤案後漢儒林蔡邕傳注引鞶覆衣巾也蓋傳寫奪大字文選思玄賦注引有大字可證首鞶選注作首飾蓋古本如是今本作鞶誤

帶紳也男子鞶革婦人鞶絲象繫佩之形佩必有巾从巾

濤案御覽六百九十六服章部引鞶絲作絲帶佩必有巾作帶必有巾蓋古本如是佩有巾乃佩字之解廣韻亦作帶亦有巾故从巾

幬禪帳也从巾𠷎聲

濤案類聚六十九服飾部御覽六百九十九服用部引禪作

單葢傳寫偶奪偏旁非古本如是詩小星抱衾與裯傳裯禪
被也裯爲禪被則幬爲禪帳

帷 在旁曰帷从巾隹聲𡇈古文帷
濤案文選潘尼迎大駕詩注引帷車飾也葢古文尚有此一
解今奪旁初學記二十器用部云一本作房非

帳 張也从巾長聲
濤案止觀輔行傳七之四引四合象宮室張之曰帳是古文
尚有此九字今奪

幕 帷在上曰幕覆食案亦曰幕从巾莫聲
濤案御覽七百服用部引覆上有冢之二字葢古本如是今

奪一切經音義卷六引幕覆也乃節引非完文

帖 帛書署也从巾占聲

濤案九經字樣作帛署書也蓋古本如是今本二字誤倒

徽 幟也以絳微帛箸於背从巾微省聲春秋傳曰揚徽者公徒

濤案左氏昭二十一年釋文引幟作識蓋古本如是許書無幟字新附始有之古旌幟字只作識

幡 書兒飾觚布也从巾番聲

濤案御覽三百四十二兵部引幡幟也幟即識字之别是古本有此一解又本部前幡幟也或疑御覽傳寫奪前字然此引在旛

條下則非𢃇字之解可知旛字在㫃部幡字在巾部古書皆
相亂此或爲㫃部之奪文

幝 車弊皃从巾單聲詩曰檀車幝幝

濤案詩杕杜釋文幝幝尺善反敝皃說文云車敝也列敝皃
於引說文之上是古本作也不作皃

席 籍也禮天子諸矦席有黼繡純飾从巾庶省㕳古文席从
石省

濤案籍御覽七百九服用部引作藉葢古本如是籍爲部書非
此之用

帑 金幣所藏也从巾奴聲

濤案後漢書桓帝紀注引帑者金布所藏之府也鄭宏傳注引同是古本帑作布藏下尙有之府二字今本誤奪殊甚布謂錢布者字乃引書時所足鄧禹傳注御覽百九十一居處部又引作金帛所藏布帛義得兩通無之府二字乃節引非完文一切經音義卷七亦有之府二字帑字同今本卷十二同奪之字白帖十一引帑作布亦無之府二字初學記居處部同白帖左傳文六年正義引同今本是古本亦有如是作者

幏 南郡蠻夷賨布从巾家聲

濤案後漢南蠻傳注引作南蠻夷布也御覽七百八十五四

夷部通典一百八十七引作南郡蠻夷布也葢古本無賨字
郡字亦衍魏都賦曰賨布積埽注引風俗通曰槃瓠之後輸
布一疋小口二丈爲賨布廩君之巴氏出幏布八丈

幦 𩬊布也从巾辟聲周禮曰駹車犬幦
濤案五經文字云幦車覆笭也葢古本如是周禮巾車幦作
幎注引鄭司農云犬幎以犬皮爲覆笭儀禮既夕禮云主人
乘惡車白狗幦注云幦覆笭也以狗皮爲之取其臑也則覆
笭不盡用𩬊漆矣

⿰巾耴 領耑也从巾耴聲
濤案廣韻二十九葉引作衣領耑也是今本奪一衣字玉篇

此字注亦有衣字

白部

皤 老人白也从白番聲易曰賁如皤如𩕳皤或从頁

濤案易賁卦釋文引作老人皃文選辟雍詩注後漢班固傳注亦引皤老人皃也是古本作皃不作白今本乃傳寫偶奪其半字耳御覽三百八十八人事部引作老人色也色亦皃字之誤

皚 霜雪之白也从白豈聲

濤案文選北征賦注引皚皚霜雪白之皃也葢古本如是後漢張衡傳注引皚皚霜雪之貌也乃傳寫奪白字文選劉楨

贈五官中郎將詩注引皚皚霜雪皃并奪之字初學記二十一御覽十四天部引同今本葢古本亦有如是作者

皛顯也从三白讀若皎

濤案文選陶潛還江陵夜行塗口詩注引通白曰皛皛明也葢古本如是皛从三白故爲通白然他注所引皆同今本當是一解

㡀部

敝帗也一曰敗衣从攴从㡀㡀亦聲

濤案汗簡卷中之一敝敝見說文是古本此字尚有古文今奪

黹部

黹 箴縷所紩衣从㡀丵省凡黹之屬皆从黹

濤案本書莃唏脪郗睎稀俙欷豨絺諸字皆从希聲嚴孝廉曰希卽黹字今黹下脫重文耳周禮司服則希冕注希或作黹字之誤也寔則黹希同體許書舊本必有希字而小徐謂皆从稀省斯不然矣然則當補重文希篆

𪙊 合五采鮮色从黹虘聲詩曰衣裳𪙊𪙊

濤案詩蜉蝣釋文引合作會葢古本如是會合義同然以下𪙏字會五采繒色例之則作會爲是釋文色下有也字廣韻八語亦引作會可見古本不作合色廣韻誤作皃

䵂會五采繒色从黹綷省聲

濤案廣韻十八隊引色作也葢傳寫奪一色字今本亦奪也字

補黺

濤案書益稷釋文云粉米說文作黺黺徐本作絲音米徐本謂徐仙民本也然則古本說文黹部有黺而糸部無絲訓解當云繡文如聚細米也从黹从米米亦聲今本此部奪去黺字而於糸部妄增絲字以黺字之訓釋移於彼處二徐之無知妄作如此

說文古本攷第八卷上　　嘉興沈濤纂

人部

保養也从人从呆省呆古文孚𤓽古文保𠈃古文保不省

濤案左傳莊六年正義引作从人呆省聲是古本有聲字小徐本亦有聲字一切經音義卷六卷二十三引保當也乃古本一曰以下之奪文周禮大司徒注保猶任也當猶今人言擔當亦卽肩任之義

又案九經字樣引保養也从人从子从八从子从八殊無義理當是玄度所據誤本耳

仞伸臂一尋八尺从人刃聲

濤案一切經音義卷一卷十二引作申臂一尋也蓋古本如是一尋即八尺不必再言八尺矣卷一申上有謂字乃元應所足申伸古今字龍龕手鑑引仞一尋也乃節引非完文

佩大帶佩也从人从凡从巾佩必有巾巾謂之飾

濤案六書故曰林罕曰說文佩从重巾不知罕所見何本也李陽冰曰象佩尾倒垂非重巾據林罕則爲會意字據李氏則爲象形字而唐本說文凡字下必从巾故林氏以爲重巾李氏以爲非重巾斷不如今本之單从巾字也

又案初學記二十六引佩从人凡聲也佩必有巾从巾似與林氏所據本不同古音皆重脣佩音如缶故从凡得聲乃會

意兼形聲字二徐以爲凡非聲而妄改不然从凡何所取義
邪
又案文選張平子四愁詩注引佩巾也乃崇賢櫽括節引非
所據本不同也
俊 才過千人也从人夋聲
濤案玉篇引作才過于人也淮南泰俗訓曰智過千人者謂
之俊春秋繁露爵國及皋陶謨鄭注亦曰才德過千人爲俊
作于乃傳寫之誤一切經音義卷廿三引同今本可證玉篇
又有書曰克明俊德六字當亦許君稱經語而今本奪之
傀 偉也从人鬼聲周禮曰大傀異烖傀或从玉褱聲

濤案玉篇玉部瓌說文云與傀同大也是古本尚有大也一訓今奪莊子列禦寇篇達生之情者傀引司馬彪注曰傀大也

偉奇也从人韋聲

濤案文選魏都賦休徵之所偉兆注引云偉大也亦古本之一訓文選漢武帝賢良詔注引偉大也華嚴經卷上音義引珠叢曰偉大也傀偉義同故偉亦有大訓又文賦注引偉猶奇也猶字乃崇賢所足

份文質備也从人分聲論語曰文質份份彬古文份从彡林林者从焚省聲

濤案一切經音義卷十二引份份文質備也葢古本重一份

字淺人以爲複字而删之

僝具也从人孨聲讀若汝南潺水虞書曰旁救僝功

濤案文選魏都賦注引僝具也又曰僝取也葢古本之一訓

儳長壯儳儳也从人毚聲春秋傳曰長儳者相之

濤案廣韻二十九葉引壯作狀乃傳寫之誤非古本如是玉

篇正同今本

俚聊也从人里聲

濤案漢書季布傳贊注晉灼引許慎云俚賴也葢古本如是

孟子盡心篇稽大不理於口注云理賴也理即俚之假借字

聊賴一聲之轉方言云俚聊也今本葢用方言改許書耳玉

篇既以賴訓俚而又引說文作聊恐非顧氏原文

偲彊力也从人思聲詩曰其人美且偲

濤案詩盧令釋文引無力字葢傳寫譌奪非古本如是

仿相似也从人方聲㑂籀文方从丙

濤案文選甘泉賦注魯靈光殿賦注兩引皆作彷彿相似視不諟也葢古本如是今本乃二徐妄删文選注不諟即諦字又西京賦注潘安仁悼亡詩注引仿佛相似見不諦也長門賦注又引髣髴見不審諟也皆傳寫譌誤當以甘泉靈光兩賦註所引為正彷彿髣髴皆仿佛之別體字髟部別出髴字恐係後人妄竄

佛 見不審也从人弗聲

濤案文選海賦注引髣髴見不諟也舞賦注引彷彿見不審也今大徐本作審小徐本作諟古本皆不如是上文仿字注旣云仿佛相似視不諟也則此注當云佛仿佛也方合許書體例海賦舞賦所引乃仿字注之節文耳

何 儋也从人可聲

濤案一切經音義卷二三云說文何古文抲同胡歌反則古本尚有重文抲篆當云古文何从手卷二十三抲誤作柯又儋上衍一捐字

又案後漢書班固傳注引荷負也荷卽何字之俗擔負義同

葢古文本亦有如是作者詩商頌何謂擔負

偫待也从人从待

濤案文選曹子建贈丁翼詩注引待也下有一曰具也四字葢古本如是今奪玉篇偫字亦有具也一訓

儲偫也从人詩聲

濤案文選西京賦注引儲具也一切經音義卷十引儲偫也稸也待也卷十二卷十三兩引儲偫具也羽獵賦注引儲偫待也左太冲詠史詩注引儲蓄也皆各不同未知古本何者爲定案具乃偫之一訓見曹子建贈丁翼詩注儲既訓偫卽有具義不必再訓爲具古本當作儲偫也一曰蓄也西京賦

注具字乃徛字傳寫之誤羽獵賦注及元應所引皆有誤衍詠史詩注又有謂蓄積以待用也七字乃庾氏注中語

備 愼也从人葡聲𠈍古文備

濤案華嚴經音義下引備具也備即葡字通假字用部葡具也經典皆假備字爲之慧苑當就經之通用字釋之非古本備字有此一解也

位 列中庭之左右謂之位从人立

濤案玉篇引作列中庭左右曰位義得兩通

倫 輩也从人侖聲一曰道也

濤案玉篇所引尙有書曰無相奪倫六字當亦許君稱經語

而今本奪之

併竝也从人幷聲

濤案一切經音義卷十二引併聚也葢古本一曰以下之奪文

倚依也从人奇聲

濤案一切經音義卷二卷十八引倚猶依也卷三引倚猶依倚也猶字乃元應所足倚字乃傳寫誤衍非古本如是下文依倚也依倚互訓不得如元應書所引

佽便利也从人次聲詩曰決拾既佽一曰遞也

濤案漢書宣帝紀注引佽飛便利也乃傳寫涉正文衍一飛

字非古本如是師古曰便利繒繳以弋鳧雁故曰佽飛正以便利釋佽以弋鳧雁釋飛

侁 行皃从人先聲

濤案一切經音義卷七引侁侁往來行皃也亦行聲也葢古本如是今本爲二徐妄删楚辭招魂注曰侁侁往來聲也是古本有一曰行聲也五字

仰 舉也从人从卬

濤案一切經音義卷八引仰舉首也是古本多一首字書傳皆俛仰並稱俛爲低首則仰爲舉首矣

𢼸 妙也从人从攴豈省聲

濤案六書故曰唐本在耑部曰微見其耑也是古本不但訓觧不同即部分亦異然廣韻八微文選文賦注所引皆與今本相同則今本不誤疑微見其耑乃一曰以下之奪文臣鉉等曰案豈字从敚省敚不應从豈省疑从耑省耑物初生之題尙敚也足見此字古本應在耑部據鼎臣所云則今本聲字亦誤也許書無妙字當作玅

候伺望也从人矦聲

濤案玉篇引伺望也下有周禮有候人五字當亦許君稱經語而今本奪之

僅材能也从人堇聲

壽案華嚴經音義上引作僅纔也葢古本如此纔卽才字之俗諸書或作裁或作財皆才字之假借才爲草本之初生而引伸之則凡初義皆得爲才陳文學潮曰物終則有始因其亾幸其存亦得爲才國策齊策邯鄲僅存禮射義葢斷有存者公羊僅然後得免皆其義也僅單訓才疑與最初之才不別故以劣也足之劣者少力也何注公羊僖十六年傳僅逮是月爲劣及是月又注桓三年傳僅有年之僅猶劣也又韋昭注國語周語余一人僅亦守府同含二者而僅之義始備其說甚確今本葢淺人誤仞爲才能之才因改爲材而又加能字以足之妄矣又一切經音義卷一引字林云僅才能也

呂氏不應謬誤若此當由傳寫字林者衍一能字後人又據字林以改說文耳

又案此引華嚴經音義據北藏本金陵陳氏所刊據明南藏本則引云僅纔能也已被後人以今本竄改惟纔字尚不作材則改之未盡也

代 更也从人弋聲

濤案玉篇所引尚有書曰天工人其代之八字當亦許君稱經語而今本奪之

傍 近也从人旁聲

濤案文選邱希範發漁浦潭詩注引作附也蓋古本一曰以

下之奪文

佀象也从人㠯聲

濤案六書故曰唐本說文㠯象也用也从已从人又曰唐本㠯象也用也左㠯而右人有以而無佀徐本佀象也左人而右㠯有佀而無以李陽冰曰已爲虵象形借爲已止之已反已爲㠯㠯用也已㠯音相近而文難辨故加人於右爲以用之以據當塗此說則古本說文以爲㠯之重文秦刻石㠯字作㠯則說文之有以斷然矣古已以似三字相通用易明夷文王以之釋文云以荀向本作似論語毋吾以也釋文云以鄭本作已其斯而已矣漢石經作其斯以乎詩匏有苦葉不

我屑以孟子公孫丑注作不我屑已詩施亚必有以也儀禮特牲饋食禮注作必有似也又詩維天之命於穆不已正義引譜云子思論詩於穆不已孟仲子曰於穆不似詩斯干似續妣祖箋云似讀爲已午之已古已午字與已止字同字後人强爲分別正義曰直讀爲已不云字誤則古者似已字同二徐不知佀即以字遂將已部㠯字重文删去而竄入人部又移易其左右不但與唐本秦石刻不合而於經典訓詁無一合者其亦無知妄作矣

任 符也从人壬聲

壽案一切經音義卷十六卷二十三玉篇皆引作保也葢古本

如是保任古人恒語今本符字義不可通音義又有言可保

信也五字乃庾氏注中語

俔譬諭也一日聞見从人从見詩日俔天之妹

濤案詩大明正義引作諭也葢傳寫奪一譬字後漢書胡廣

傳注所引正同今本

又案詩大明釋文引俔譬譽也毛居正以爲腧字之誤盧學

士謂譽是腧非譬而譽之者稱美也曲說不可從

倌小臣也从人官聲詩日命彼倌人

濤案龍龕手鑑引有一日夙駕四字是古本有之今奪

僻僻宴也从人屏聲

濤案荀子榮辱篇注引偋寠也是古本無僻字

㒄意膬也从人然聲

濤案玉篇所引尚有一曰意急而懼也一曰慙也是古本尚有此二義而今本奪之

僭假也从人朁聲

濤案玉篇引假作儗蓋古本如是下文儗僭也僭儗互訓今本乃形近傳寫之誤玉篇又有書曰天命不僭六字當亦許君稱經語而今本奪之

佃中也从人田聲春秋傳曰乘中佃一轅車

濤案龍龕手鑑引佃一轅車古卿車也又堂練反營佃也疑

今本有誤佃之訓中義無可攷中佃乃車名不得訓佃爲中古本引春秋當在古卿車也之下从人田聲之上管佃爲此字之一解然左氏哀十七年釋文引同今本或後人據今本改也

僻避也从人辟聲詩曰宛如左僻一曰從旁牽也

濤案一切經音義卷十一引作辟也蓋古本如是僻爲邪僻正字從旁牽則有避義若如今本則一解與正解同矣

伿惰也从人只聲

濤案惰玉篇引作憧許書無憧字蓋傳寫之誤

㒜輕也从人與聲

濤案史記高祖本紀索隱引僄疾也蓋古本如是索隱又引方言曰僄輕也（監本柯本皆作亦云僄輕也蓋後人據今本改汲古閣單行本如是正與方言合）是今本乃後人據方言改耳輕疾義相近而許書自作疾不作輕漢書高帝紀僄字作慓亦訓疾也今說文心部慓字正訓為疾或謂史記僄字乃慓字之假借然小司馬引說文訓疾方言訓輕同作僄字則所據本自作疾不作輕也僄慓同聲故當同訓

倡 樂也从人昌聲

濤案史記陳涉世家索隱引作倡首也乃導字之誤口部唱導也唱倡二字皆从昌聲故經典每通用史記倡字乃唱字

之假借小司馬涉正文而誤廣雅釋詁云唱道也張氏正本許書又文選注一切經音義屢引倡樂也與今本同知今本不誤

俳 戲也从人非聲

濤案一切經音義卷四引俳戲樂人所爲戲笑自怡悅也樂人以下十字乃庾氏注中語

僛 醉舞皃从人欺聲詩曰屢舞僛僛

濤案詩賓之初筵釋文引作醉舞皃也葢古本作醉舞皃也許書傳寫奪一也字釋文傳寫奪一皃字

侮 傷也从人每聲㑄古文从母

濤案一切經音義廿五引侮愓也謂輕愓愓乃偒字之誤蓋古本作偒不作傷本部偒訓爲輕侮無傷義今本乃傳寫之誤音義卷一引侮傷也又申之曰謂輕傷翫弄也輕傷乃輕偒之誤是亦作偒不作傷今作傷者淺人據今本改耳

偒　輕也从人易聲一曰交偒

濤案一切經音義卷三引偒亦輕也亦字乃元應所足非古本有之卷一及卷九所引皆無亦字可證

僵　僨也从人畺聲

濤案爾疋釋木釋文一切經音義卷十三皆引作偃也小徐本亦作偃也疑古本作偃不作僨然上文僨僵也僵僨互訓

大徐本亦不誤一切經音義卷九卷二十二引僵却偃也卷十三又有却偃之也當是古本之一訓

仆 頓也从人卜聲

濤案詩賓之初筵釋文文選西都上林賦注一切經音義各卷所引皆同今本惟元應書卷三卷十六卷二十引仆頓也謂前覆也卷十三引仆頓也謂覆也二十二引仆前覆也僵為却偃仆為前覆其義甚精葢古本作仆頓也一曰前覆也此與僵字同訓

係 絜束也从人从系系亦聲

濤案一切經音義卷三卷十八引作結束也葢古本如是孟

子係累其子弟注云係累猶縛結也漢書張釋之傳注結讀曰係則當作結不當作絜卷十二十六二十二仍引作絜當是後人據今本改

儡相敗也从人畾聲讀若雷

濤案文選西征賦注引儡壞敗之皃蓋古本如是寡婦賦注引作敗也乃崇賢節引今本相字尤屬無義禮記喪容纍纍選注引作儡儡卽所謂壞敗之皃也

咎災也从人从各各者相違也

濤案一切經音義卷九引尚有人各相違卽成罪咎八字疑古本之奪文卷五又引咎罪也乃古本之一訓玉篇引者作

有乃傳寫之誤

倦 罷也从人卷聲

濤案玉篇所引尚有書曰耄期倦于勤當亦許君偁經語而今本奪之

偶 桐人也从人禺聲

濤案御覽三百九十六人事部引偶人也乃傳寫奪一桐字

弔 問終也古之葬者厚衣之以薪从人持弓會敺禽

濤案徐鍇祛妄引作古者葬之中野以弓驅禽獸人持弓爲弔與今本微不同義得兩通二語皆本繫辭而有中野字則與驅禽意尤近

仚 人在山上从人从山

濤案一切經音義卷十四引仚人上山皃也亦古文危字然則古本當有古文以爲危字六字今奪小徐本作人在山上皃元應所引當亦同之而傳寫稍誤許書言古文以爲某字者非即本字嚴孝廉以爲此字舊說文當在危部者非也

補 倒

濤案玉篇引倒仆也是古本有此篆而今轉以之入新附

補 倰

濤案玉篇云倰說文使是古本存倰篆

補 [illegible]

濤案玉篇倀字注引說文云僮子也是古本尚有倀篆而今本奪之大徐轉以之入新附誤矣

匕部

眞僊人變形而登天也从匕从目从乚乚音隱八所乘載也

□古文眞

濤案汗簡卷中之一引說文眞字作□葢古本古文篆體如此今本微誤

又案文選江賦及謝靈運登江中孤嶼詩注引眞仙人變形也乃崇賢節引非古本無而登天三字

化教行也从匕从人匕亦聲

濤案華嚴經音義上引依教行曰化也葢古本教上有依字今本奪音義又引珠叢曰教成於上而易俗於下謂之化也依教行則俗易矣依字乃淺人所删

匕部

匕相與比敘也从反人匕亦所以用比取飯一名柶凡匕之屬皆从匕

濤案一切經音義卷十四引無用比二字葢節取非完文

艮很也从匕目匕目猶目相匕不相下也易曰皀其限匕目爲皀匕目爲眞也

濤案廣韻二十七恨引很作限葢古本如是易傳曰艮止也

止郎限義許引易艮其限正釋訓限之義今本乃字形相近之誤

丘部

虛大丘也崐崘丘謂之崐崘虛古者九夫爲井四井爲邑四邑爲丘丘謂之虛从丘虍聲

濤案御覽五十六地部引崐崘謂之墟葢古本如是此句承上大丘丘之大者莫過于崐崘古人文字簡質正不必複舉丘字也虛作墟从俗體

㐺部

眾多也从㐺目眾意

卷八上

濤案汗簡卷中之一引說文衆字作衆蓋古本篆體如此隸變衆字上不从目則今本云从目者恐誤也

臮衆詞與也从乑自聲虞書曰臮咎繇𦋺古文臮

濤案廣韻六志引作衆與詞也蓋古本如是臮爲曁與正字經典皆訓曁爲與以其从乑故爲衆與之詞今本與詞二字誤倒

𡈼部

朢月滿與日相朢以朝君也从月从臣从𡈼𡈼朝廷也𦣠古文朢省

濤案一切經音義卷三引相朢作相望蓋古本如是釋名釋

天望月滿之名也月大十六日小十五日日在東月在西遙
相望也以日月相望故以月滿爲朢今經典月滿之望亦作
望矣又音義無以朝君三字乃節引非完文

重部

量稱輕重也从重省曏省聲量古文量

濤案汗簡卷中之一引說文量字作量蓋古本篆體如此郭
氏書載於日部字必从日今本之譌誤無疑

臥部

監臨下也从臥衉省聲監古文監从言

濤案汗簡卷中之一監監見說文是古本古文篆體如此今

本微誤

身部

[seal] 躳也象人之身从人厂聲凡身之屬皆从身

濤案汗簡卷中之一引說文身字㐆疑古本尚有古文身字

又案玉篇尚有易曰近取諸身六字當亦許君稱經語而今本奪之

衣部

[seal] 天子享先王卷龍繡於下幅一龍蟠阿上鄉从衣公聲

濤案爾疋釋言釋文云衮古本反說文云从衣从㕣也㕣羊

耎反或云从公衣據此則古本衮字从台其从公者乃或體耳嚴孝廉云經典衮字多借卷為之台卷聲相近爾疋釋文从台疑當作台聲

又案干祿字書云衮袞上通下正佩觿亦云衮从台則知今本从公者誤

玄服从衣㐱聲袗或从辰

濤案六書故引蜀本玄服作袨服小徐本亦同許書無袨字新附有之玉篇袨黒衣則袨即玄之別體儀禮士冠禮兄弟畢袗玄注曰袗同也玄者玄衣玄裳也鄭許解袗字雖不同而其為玄服則一不應作袨小徐蓋踵蜀本之誤耳

衿 交衽也从衣金聲

濤案一切經音義二十五引衿衽也乃傳寫奪一交字後漢書馬援傳注引同今本可證

襲 在衽袍从衣龖省聲𧟌籀文襲不省

濤案文選廣絶交論注引襲因也葢古本一曰以下之奪文襲之訓因屢見禮記淮南等注及廣雅小爾雅諸書又案文選王命論注引襲重衣也葢古本如是今本義不可解

𧝝 袍衣也从衣𤔔聲以絮曰襺以縕曰袍春秋傳曰盛夏重襺

濤案御覽六百九十三服章部引以絮曰繭以緼曰袍繭卽襺字之省禮記玉藻纊爲繭緼爲袍雜記子羔之襲也繭衣裳皆止作繭字左氏襄二十一年傳重繭衣裘字亦作繭

袤衣帶以上从衣矛聲一曰南北曰袤東西曰廣𧞣籒文袤从楙

濤案華嚴經音義上云切韻稱袤廣也聲類云袤長也史記曰蒙恬築長城延袤萬餘里是也說文亦同此釋卽指南北曰袤東西曰廣二語之解非古本有廣也長也之訓也

褧檾也詩曰衣錦褧衣示反古文从衣耿聲

濤案詩碩人釋文云褧說文作檾枲屬也今檾下稱詩語與

正義非索隱

元朗所見本同則此處引詩乃二徐妄竄古本必無是也

襜 衣蔽前从衣詹聲

濤案史記魏其武安列傳正義云爾疋衣蔽前謂之襜說文字林竝謂之短衣是古本訓短衣不作衣蔽前今本乃涉爾疋而誤耳索隱引字林曰襜褕短衣呂氏率本許君本部褕字解云一曰直裾謂之襜褕是襜褕連文古本疑當作襜褕短衣也二徐見說解中單舉褕字以爲不詞遂據爾疋妄改之矣

襗 絝也从衣睪聲

濤案詩無衣釋文云澤說文作襗云袴也是古本有引詩語

許書無袴字袴當作絝正義引襗袴也亦當作絝

褰絝也从衣寒省聲春秋傳徵褰與襦

濤案詩狡童左氏襄二十六年傳釋文兩引絝皆作袴乃傳寫之誤非古本如是左氏昭二十五年傳釋文袴說文作絝可證元朗所見本不作袴也左正義亦誤作袴

裔衣裾也从衣㕯聲 古文裔

濤案一切經音義卷五引裔衣裾也以雲孫為苗裔取其下垂之義字从衣从㕯音俱永反卷十三引裔衣裾也以子孫為苗裔者取下垂之義也以雲孫二句當是庾氏注中語臣鉉等曰㕯非聲疑象衣裾之形元應書云字从衣从㕯是古

本不作冏聲然音俱永反則又似从冏得聲疑不能明而大徐以爲象形字則非也

褺重衣也从衣執聲巴郡有褺江縣

濤案一切經音義卷九引作南有疊江縣乃傳寫譌誤非所據異本也漢書注引孟康音重疊之疊故誤褺爲疊

褊衣也从衣扁聲

濤案爾疋釋言釋文云褊小衣也說文同是古本作小衣不作衣小以上文短衣長衣例之當作小衣今本誤倒當乙正一切經音義卷十八卷二十二兩引褊小也乃元應節取小字之義

衵 日日所常衣从衣从日日亦聲

濤案左氏宣九年傳釋文引作日日所衣裳也乃傳寫誤倒其文又誤常爲裳非古本如是古本葢有也字今奪

褻 私服从衣執聲詩曰是褻絆也

濤案六書故云唐本說文从㓞曰執非戴氏所引唐本卽晁說之所見之本曰从執非則他古本有从執者矣从衣執聲乃重衣之字此字今本从埶亦不从執然徐鼎臣謂从熱者乃得聲疑大徐本从執不从埶也

裨 接益也从衣卑聲

濤案一切經音義卷五引裨增也益也亦補也卷十引裨增

也厚也補也亦助也厚當爲益字之誤葢古本訓増訓益而以補助爲一訓訓補見國語晉語注訓助見漢書項籍傳注今本作接益義不可曉玉篇云接也益也豈二徐據玉篇以改說文而又奪也字邪然裨之訓接傳注亦無所見文選長笛賦注引裨益也亦無接字

褫 奪衣也从衣虒聲讀若池

濤案文選東京賦吳都賦兩注引褫奪也此崇賢節取奪字之義非古本如此也褫本奪衣故字从衣而引申之凡奪物皆謂之褫淮南人間訓秦牛缺遇盜扡其衣高誘注云扡奪也易訟上九終朝三褫之荀爽翟元皆作扡云奪也扡即褫

之假字二書皆就衣帶而言則奪衣之訓確不可易

裎 袒也从衣呈聲

濤案後漢書馬融傳注引裎裸也蓋古本如此孟子言袒裼裸裎皆爲露體之事而微有不同袒裼蓋微露其體裸裎則全露其形嬴裎蓋互相訓耳渾言則嬴裎裼皆可訓袒廣雅釋詁云嬴裎徒裼袒也許與張正不必相同耳晉書卷三十五音義引同今本疑後人據今本改或當時自有異本也

衺 𧝓也从衣牙聲

濤案六書故引蜀本說文曰衺紕也疑古本有一曰紕也四字交部𧝓衺也互相訓則今本不誤嚴孝廉曰予部紕氏八

繝也此葢繝文之䙐者

䊋裹也从衣壯聲

濤案一切經音義卷十别裝束也裹也卷十八引裝裹也束也葢古本尙有束也一訓今奪文選七發注引許愼淮南注曰裝束也廣韻亦云裝裝束

𧚌書囊也从衣邑聲

濤案文選西都賦琴賦注後漢書班固傳注引𧚌纏也葢古本如此巾部帙書衣也帙衣作袠廣雅釋器曰𧚌謂之袠則𧚌又通作袠書囊之訓亦非無本疑古本作𧚌纏也一曰書囊也二徐以一觧爲正觧而𧚌之本義晦矣玉篇亦有纏也

一訓

裋豎使布長襦从衣豆聲

濤案列子力命釋文引裋粗衣也又敝布襦也又云襜衣短者曰裋褕皆與今本不同葢古本如是粗衣之訓今本在褐字注注誤說見下

褐編枲韤一曰粗衣从衣曷聲

濤案御覽六百九十三服章部廣韻十二曷皆引褐短衣也短葢裋字之誤淮南齊俗訓裋褐不完而覽冥訓作短褐後漢書王望傳注引許慎淮南注楚人謂袍爲短褐而列子力命釋文引作楚人謂袍爲短當奪褐字是短褐乃裋褐之誤古本

當作一曰裋衣也粗衣之訓乃裋字之解見列子釋文二徐旣刪彼訓而又竄於此誤矣文選藉田賦注引亦作麤衣殆後人據今本改

卒隸人給事者衣爲卒卒衣有題識者

濤案一切經音義卷十一引隸人給事者曰卒古以染衣題識表其形也蓋古本如是御覽三百兵部引作隸人給事者爲卒衣有題識者也則稍有刪節矣今本誤衍誤奪遂不可讀六書故引李陽冰曰所謂短後衣而丿者斷也野說不可從

襚衣死人也从衣遂聲春秋傳曰楚使公親襚

濤案左氏文九年傳襄二十九年傳兩引作衣死人衣蓋古本如是今本奪衣字御覽五百五十禮儀部引同今本亦是傳寫誤奪

裞 贈終者衣被曰裞从衣兌聲

濤案史記陸賈傳索隱引裞贈終服也乃小司馬檃括節引非古本如是左氏文九年傳釋文引同今本可證

褮 鬼衣从衣熒省聲讀若詩曰葛藟縈之一曰若靜女其袾之袾

濤案御覽五百五十二禮儀部引褮鬼衣也是古本有也字又有小注曰褮讀如葛藟縈之之縈是古本縈之下尚有之

縈二字今本皆奪

又案詩樛木釋文帶之本又作縈說文作榮是古本縈字作榮今本及御覽皆後人據毛詩改耳

補 袀

濤案文選閒居賦注引袀𤣩服也音均是古本有袀篆左氏信年傳均服振振釋文均字書作袀所云字書葢即指說文禮月令孟冬乘元路注云今月令作袗似當爲袀聲之誤也文選吳都賦六軍袀服劉逵注云袀皁服也

老部

耆老也从老省旨聲

濤案類聚十八八部引七十曰耆蓋古本與耋耄一例而今本奪之七十當爲六十之誤古本當作耆老也年六十曰耆即耋耄字亦當有老也之訓所謂同意相受也今本爲二徐所妄削者不少矣

耇老人面東黎若垢从老省句聲

濤案玉篇東黎作東棃棃黎古通用字儀禮士冠禮注耇東棃也方言曰東齊曰眉燕代之北郊曰棃秦晉之交陳兗之會曰耇鮐尚書秦誓詩南山有臺正義引爾疋孫炎注曰耇面東棃色如浮垢棃即黎字之假借然皆作棃不作黎可見古本作棃尚書黎老作犂老亦假借字

孝善事父母者从老从子子承老也

濤案玉篇作从子承老省葢古本如是从子承老猶食部飤字从人仰食戈部戍字从人何戈一例淺人不知遂妄改如此

毛部

氈撚毛也从毛亶聲

濤案御覽七百八服用部引撚毛可以爲氈葢古本尚有可以爲氈四字氈本撚毛所爲單訓撚毛義未足故又加此四字今本乃二徐妄刪

尸部

居蹲也从尸古者居从古踞俗居从足

濤案汗簡卷中之一𡰥居見說文玉篇亦云𡰥古文居是古本說文有重文𡰥字矣當云古文居从立今本奪而正字說解中誤衍古者居三字

𡰯臥息也从尸自

濤案一切經音義卷十一引作从尸从自聲則今本無聲字者誤也小徐本亦有聲字

尻脾也从尸九聲

濤案一切經音義卷十四引作脽也葢古本如是肉部脽尻也御覽引作尻也知古尻脽互訓矣

屖 屖遟也从尸辛聲

濤案一切經音義卷十四廣韻十齊皆引屖遟也不重屖字則今本注中屖字誤衍屖遟雙聲即今之棲遟字玉篇云屖今作栖故許君以遟釋屖遟籀文郎从屖聲也

屟 履中薦也从尸枼聲

濤案一切經音義卷十四引作履之薦也蓋古本如是今本中字誤段先生曰此藉於履中非同履中苴也

屏 屏蔽也从尸并聲

濤案一切經音義卷一御覽百八十五居處部皆引屏蔽也不重屏字則今本注中屏字誤衍此與屖字注中屖字皆淺

人妄增

層重屋也从尸曾聲

濤案一切經音義卷二十三引層重累也累字乃傳寫誤衍元應蓋節取重字以釋層級之義淺人妄增累字他卷皆同今本可證

說文古本攷第八卷下　嘉興沈濤纂

尾部

尾微也从到毛在尸後古人或飾系尾西南夷亦然凡尾之屬皆从尾

濤案史記五帝紀集解引尾交接也葢古本一曰以下之奪文乳化曰孳交接曰尾雖係僞孔傳之文然必古來相傳舊訓孳史記作字說文訓字爲乳則此二語實本許書也今本乃二徐妄刪

尿人小便也从尾从水

濤案一切經音義卷十一引無人字葢古本如是今誤衍元

應書卷七卷二十二引字林亦無人字

履部

屐 屩也从履省支聲

濤案一切經音義卷十四十五兩引皆同今本惟卷二引屐履屬也葢古本一曰以下之奪文

舟部

艐 船著不行也从舟㚇聲讀若莘

濤案廣韻一東三十三箇引艐著沙不行也是古本有沙字今奪韻會所引亦有之是小徐本尚不誤

舫 船師也明堂月令曰舫人習水者从舟方聲

濤案類聚卷七十一舟車部御覽七百七十舟部皆引舫併船也御覽無也字文選王仲宣從軍詩注引舫併舟也乃方部方字之訓後人以方爲方圓字而併船之方皆假舫字爲之諸書所引皆用假借字非異本也

補 舠

濤案詩河廣釋文云刀小船也字書作舠說文作⿰舟周並音刀正義云說文作⿰舟周小船也是陸孔所據本皆有⿰舟周篆訓爲小船其爲今本誤奪無疑字當以舟周聲

方部

斻方舟也从方亢聲禮天子造舟諸侯維舟大夫方舟士特

舟

濤案華嚴經序音義引航方舟也御覽七百七十舟部同航即斻字之別體後漢書文苑杜篤傳北斻涇流注曰斻舟度也說文斻字在方部今流俗不解遂與杭字相亂者誤也是章懷所見本作斻不作航者或疑唐本舟部有航字非也

儿部

補 亮

濤案六書故云徐本說文無亮字唐本曰明也从儿从高省則是古本有亮字後漢書蘇竟傳注文選稽叔夜雜詩註皆云亮明也葢本許書經典中訓信者乃亮之假字非諒之別

字也

又案兂部㝩事有不善言㝩也爾疋㝩薄也从兂京聲臣鉉等曰今俗隸書作亮半農惠氏曰㝩今作涼非亮也直亮非不善之言是惠氏知亮非㝩字之俗而不知許書本有亮字亦非諒字之俗也

兂部

兂首笄也从儿匕象簪形凡兂之屬皆从兂簪俗兂从竹从朁

濤案後漢書皇后紀注引簪笄也是古本無首字竹部笄簪也簪笄互訓言笄不必更言首廣韻二十一侵所引有之疑

後人據今本改

皃部

頌儀也从人白象人面形凡皃之屬皆从皃貌皃或从頁豹省聲貌籀文皃从豹省

濤案玉篇云說文从白下儿也葢古本如是與篆體合今本作从人白者誤

兜部

兜兜鍪首鎧也从兜从皃省皃象人頭也

濤案玉篇引作从兜皃象人頭也葢希馮書奪省字今本衍皃字耳

又案文選長楊賦注引鞮鍪首鎧也首鎧首鍭義得兩通鞮字乃涉賦文傳寫而誤鞮爲革履與首鎧無涉

禿部

禿無髮也从儿上象禾粟之形取其聲凡禿之屬皆从禿王育說倉頡出見禿人伏禾中因以制字未知其審

濤案廣韻一屋禿字注引說文云無髮也从儿上象禾粟之形文字音義云倉頡出見禿人伏於禾中因以制字是廣韻不以倉頡云云爲許君語疑古本無之

見部

㝵取也从見从寸寸度之亦手也

濤案一切經音義卷一卷六皆引㝵取也尙書高宗夢得說
是也是古本有稱書語而今本奪之

覘 窺也从見占聲春秋傳曰公使覘之信
濤案九經字樣廣韻五十豔引作闚視也是古本有視字今
奪小徐本亦有視字

覓 突前也从見冃
濤案六書故引唐本从見从冃一切經音義卷九引云覓突
前也又引國語戎狄覓後輕儳賈逵曰覓後猶輕觸也字體
從冃從見卷十二引云覓突前也猶輕觸直進也字从冃從
見是古本从冃不从冃二徐本皆誤小徐又于冃部別出覓

字云犯而見也从冃从見也犯而見即突前之義自必一字
誤分古本蓋有冒無䙿其在冃部或在見部則不可知矣玉
篇䙿突前也字正从冃

覬 钦幸也見豈聲

濤案文選九錫文注王命論注一切經音義卷二皆引作幸
也是古本無钦字

補 覓

濤案六書故云覛又作脈唐本覓尋也从爪徐本从𠂢脈𠂢
聲覛脈兩出音同是古本有覓字矣目部脈目財視也从目
𠂢聲𠂢部覛衺視也从𠂢从見䁎籀文竊意古本不如此許

書重文皆與正字字畫有異今籀文覛字僅移見於左而目部䚈字財視之義亦不可通疑从辰从見者乃䚈字之籀文而衺視之訓乃䚈字之解義廣韻二十一麥引作目衺視可證其尋覓字則从見从爪應在見部二徐誤分䚈覛爲二遂删見部覓字而於辰部别出覛字又於䚈字之訓改爲財視以别於辰部之覛二徐之無知妄作大率類是玉篇云覓索也覔同上俗覔爲俗字則覓爲正字矣

欠部

欠 張口气悟也象气从人上出之形凡欠之屬皆从欠

濤案御覽三百八十七人事部引作張口出氣也葢以一語檃括引

之非古本不作气悟也悟當作寤

欨吹也一曰笑意从欠句聲

濤案文選琴賦注引笑意作笑皃葢古本如是許書多言皃罕言意今本誤

欣笑喜也从欠斤聲

濤案史記萬石君傳訢訢如也晉灼曰許愼云古欣字也是古本此字有重文訢字今本奪之而於言部别出訢字誤也

歀意有所欲也从欠𥨊省歀款或从款

濤案一切經音義卷十九引無所字乃傳寫偶奪他卷所引皆有之可證

歌詠也从欠哥聲謌歌或从言
濤案類聚四十三樂部引作詠詩曰歌是古本詠下有詩字
今奪九經字樣引同今本義得兩通

歋人相笑相歋瘉从欠虒聲
濤案後漢書王霸傳市人皆大笑舉手邪揄之注引說文曰
歋歈手相笑也歋音弋支反歈音踰或音由是章懷所見本
有歈篆亦不作人相笑後許書奪去歈篆淺人遂將注語竄
易古本當作歋歈手相笑也歈歋歈也方合許書之例
又案疒部無瘉篆其字不應从瘉疑當作俞从欠俞聲今大
徐以爲新附字

又案御覽四百九十八人事部引歈人相咲相耶歈也是今本義得兩通而作歈不作瘉則歈非新附字玉篇亦作㰻歈

歊歊气出皃从欠高高亦聲

濤案文選寶鼎詩注引作氣上出皃是古本有上字今奪屬志詩注引張揖字詁亦云歊氣上出皃後漢班固傳注引同

吟也从欠鷬省聲籀文歎不省

今本疑後人據今本刪

濤案文選曹子建三良詩古詩十九首注引歎太息也蓋古本一曰以下之奪文

歔也从欠稀省聲

濤案廣韻八微引作戲也乃傳寫之誤欷歔雙聲字本部二
字互訓不應作戲

欱歠也从欠合聲
濤案文選西京南都賦注一切經音義卷十五十六所引皆
同惟東都賦注及音義卷十二引歠作啜乃傳寫字誤

[illegible]咽中息不利也从欠骨聲
濤案一切經音義卷十一十五引歆咽中气息不利也是古
本息上尚有气字今奪

次部

羨貪欲也从次从羑省羑呼之羑文王所拘羑里

濤篆一切經音義卷十二引作願欲也葢古本如是文選歸
田賦注引字林云美貪欲也則今本乃後人據字林改耳

旡部

𣄢 屰惡驚詞也从旡咼聲讀若楚人名多夥
濤篆玉篇引無惡字葢傳寫偶奪又有神不福也四字則是
古本有之而今奪耳

卷八

說文古本攷第九卷上　　嘉興沈濤纂

頁部

顏　眉目之閒也从頁彥聲　顏　籀文

濤案玉篇顏籀文顏葢籀文顏字以𦣻故希馮列于𦣻部今本篆體非𦣻非頁誤也

題　頟也从頁是聲

濤案文選謝惠連擣衣詩注廣韻十二齊所引皆同惟顏延年楊給事誄注引題名也姚尚書疑頟字之傳寫殘脫然誄文云題子行閒則不得訓為頟葢古一曰以下之奪文詩商頌譜正義引中候契握注題名也題之訓名乃漢人之達詁

矣

項頭後也从頁上聲

濤案九經字樣文選洛神賦注皆引項頸也葢古本如是玉篇作頸後也是今本據玉篇以改說文而誤頸爲頭耳

顀出頷也从頁隹聲

濤案一切經音義卷五卷十五引出額作頷出葢古本有如是作者頷出出額義可兩通故卷十一引同今本玉篇亦云出頷也

頵頭頵頵大也从頁君聲

濤案文選長笛賦注引頵頭頵也當係傳寫奪誤非古本如

是湄熙尤本作頭落也尤誤篇韻所引正同今本

䫀面色顛顛皃从頁員聲讀若隕

濤案玉篇引作面作顛顛也葢古本如是今本皃字誤

碩頭大也从頁石聲

濤案御覽三百六十三人事部引曰顝碩顱大頭也是古本

此字與顝顱同訓大頭今本作頭大乃傳寫誤倒玉篇顱字

注亦引作大頭也同一誤倒耳

頒大頭也从頁分聲一曰鬢也詩曰有頒其首

濤案詩魚藻釋文引作大首皃葢古本如是首與頭雖無區

別而許既偁詩自當以詩字釋之毛傳亦云大首皃許君正

用毛義耳

又案書洛誥正義引頒分也此乃攴部攽字之訓彼注明引周書似孔氏作正義時書字本與說文同故冲遠引之後乃爲衛包所改非此字有一訓也

顒 大頭也从頁禺聲詩曰其大有顒

濤案大頭玉篇引作頭大義得兩

顎 面前岳岳也从頁岳聲

濤案龍龕手鑑引作面前顎固屬傳寫有奪而古本岳岳必作顎顎本部頵頭頵頵大也顛面色顛顛兒顯面瘦淺顯顯也顓頭顓謹兒頊頭頊頊謹兒皆不改字此觧亦不應改字

爲岳當是二徐妄改

頲 狹頭頲也从頁廷聲

濤案玉篇引無頲字狹頭頲語亦不詞段先生曰疑當作狹頭頲頲也

頍 舉頭也从頁支聲詩曰有頍者弁

濤案詩頍弁釋文引作舉頭皃則今本作也者誤韻會亦作舉頭皃小徐本尚不誤也

顉 低頭也从頁金聲春秋傳曰迎于門顉之而已

濤案一切經音義卷五卷十六卷二十皆引同今本玉篇亦同惟卷十一引曰顉摇其頭也當是古本一曰以下之奪文

今春秋傳鎮作頷杜注曰頷搖其頭也其說正合釋文頷一作頷乃一作鎮之誤搖頭謂動搖其頭廣雅釋詁鎮動也列字湯問篇云鎮其頭則歌應節廣韻四十八感鎮頷搖頭皃則鎮有搖義許引春秋當在一解之下

頫 低頭也从頁逃省太史卜書頫仰字如此揚雄曰人面頫

俛 頫或从人免

濤案一切經音義卷八云說文俛此俗頫字則今本作或字者誤也小徐本亦作俗頫字晉書音義引同

又案廣韻九麌引太史卜書作太史公書乃淺人臆改非古本如是也匡謬正俗晉書音義皆引作卜書可見今本不誤

顅頭鬢少髮也从頁肩聲周禮數目顅脰

濤案玉篇引作頭鬢少髮皃葢古本如是今本也字誤

䫌傾首也从頁卑聲

濤案一切經音義卷七卷八卷十卷十二卷十三卷十七皆引作䫌傾頭也葢古本如此本部訓釋皆言頭不言首則今本作首者誤惟頓訓下首則以周禮有頓首字耳

𩑶顫也从頁尤聲疣𩑶或从

顫頭不正也从頁亶聲

濤案一切經音義卷七云戰𩑶字體作顫下又作疣說文顫𩑶謂掉動不定也卷十五疣頭古文鈂疣𩑶三形今作疣說

文頫顫也謂擅掉不正也卷十三戰頫字體作顫下又作疢說文顫頫謂掉動不定也據此三文葢古本作⿰又頁从又聲不从尤聲重文作疚其作疣者乃當時俗體音義中有作頫者乃淺人據今本改謂掉動云云當是演說文語

顡 癡不聰明也从頁家聲

濤案廣韻八未十八怪引作癡顡不聰明也葢古本如是癡顡二字當是古時恆語今本奪顡字乃淺人妄刪十四賄引顡作顛乃傳寫之誤

頪 難曉也从頁米一曰鮮白皃从粉省

濤案六書故引唐本說文曰从迷省音闕葢古本不作从米

也迷故難曉从米則不可通此會意字从迷省則爲難曉从粉省則爲鮮白矣

頎頭佳皃从頁斤聲讀又若鬢此篆據小徐本補

濤案六書故云唐本作頭佳誤此葢傳寫之誤非唐本本誤也

百部

百頭也象形凡百之屬皆从百

濤案一切經音義卷十四藝文類聚卷十七人部御覽卷三百六十三人事部所引皆同惟玉篇引作人頭也乃傳寫誤衍一人字非古本如此

面部

靦 面見也从面見見亦聲詩曰有靦面目䩄或从旦

濤案詩何人斯正義引靦面見人是古本多一人字今奪

䩉 頰也从面甫聲

濤案玉篇尙有左氏傳曰䩉車相依八字葢古本有偁經語當曰春秋傳曰輔車相依古人左傳輔字作䩉故服氏解爲上頷車杜氏解爲頰車輔䩉皆从甫聲經典每假輔爲䩉易咸其輔虞本作䩉（見釋文）易艮其輔虞氏解爲面頰骨上頰車則字亦當作䩉此與左傳之輔皆䩉字之假借也二徐見經傳作輔不作䩉遂刪去偁經語而小徐又將此八字妄竄於

車部輔字之下誤矣

又案車部輔字注大徐本曰人頰車也从車甫聲小徐本曰春秋傳曰輔車相依从車甫聲人頰車也竊意輔字从車不應訓爲人頰且面部本有从面甫聲訓頰之字不得又訓輔爲頰上頷爲頰車乃假車以譬況初非車何得列於車部先師陳進士曰詩正月篇終其永懷又窘陰雨其車既載乃棄尓輔箋謂棄輔喻遠賢也又云載輸爾載將伯助予箋謂墮女之載乃請長者見助又云無棄爾輔員于爾輻傳謂員益也屢顧爾僕不輸爾載箋謂僕將車者也正義曰考工爲車又不言作輔則輔是可解脫之物蓋如今人縛杖於輻以防

輔車也觀詩意傳箋正義皆謂窘于陰雨泥陷車必須輔輔者人夾車如周禮王巡守則夾王車者是也故既輸爾載則請伯以助又云屢顧爾僕曰伯曰僕皆謂人也曰助是須人輔也字从甫甫字从父从用甫者夫也輔者扶也輔从車是車之扶者名輔也大部夾持也从大俠二人易輔頰孟喜作挾夾谷公羊作頰谷頰與俠夾同謂人俠車名爲輔也物之夾者皆可爲輔故口兩旁爲頰而頰之閒亦爲輔或許君本作人俠車後人惑于輔車爲車牙所載者改俠爲頰又增春秋傳語而意遂不可通矣濤謂此說確不可易古本說文或作人夾車或作人俠車皆不可知而要之總非頰字也

須部

須面毛也从頁从彡凡須之屬皆从須

濤案御覽三百七十四人事部引須面上毛也是古本有上字以頾口上須例之則有上字者爲是廣韻十虞引同今本義得兩通

又案禮記禮運正義引說文云鬚謂頤下之毛象形字也鬚卽須字之別是冲遠所據本作頤下毛不作面上毛以本部頾訓口上須𩑿訓頰須例之則作頤下爲是蓋須頾𩑿三字各有區別似較今本面毛爲近理且今本會意字而冲遠所據則爲象形字恐篆法亦有不同

䫇頰須从須从冄冄亦聲
濤案一切經音義卷十九引䫇頰毛也䫇毛當是頰毛之誤
葢古本亦有如是作者
彡部
彡毛飾畫文也象形凡彡之屬皆从彡
濤案匡謬正俗七引作毛飾畫之文也葢古本有之字文義
始完
㐱稠髮也从彡从人詩曰㐱髮如雲鬒㐱或从髟真聲
濤案詩君子偕老釋文稠髮引作髮稠葢古本如是今本當
乙正左氏昭二十八年釋文正義引皆同今本疑後人據今

本改

彰 文彰也从彡从章章亦聲

濤案九經字樣引彰明也當是古本之一訓

彣部

彣 䵒也从彡从文凡彣之屬皆从彣

濤案汗簡卷中之二㣎彣見說文是古本尚有重文今奪

髟部

髟 長髮猋猋也从長从彡凡髟之屬皆从髟

濤案文選秋興賦注引白黑髮雜而髟蓋古本一曰以下之奪文段先生曰而似當作曰

鬈髮好也从髟卷聲詩曰其人美且鬈

濤案詩盧令釋文引作髮好皃葢古本不作

髦髮也从髟从毛

濤案一切經音義卷四髦髮中豪也葢古本如是爾雅釋文云毛中之長豪曰髦正用許義知今本譌奪卷二引云髦髮也謂髮中之髦也髮中之髮當作髮中之豪謂字元應所足髮也二字後人據今本妄增

⿱髟截束髮少也从髟截聲

濤案廣韻十六屑十七薛兩引皆作束髮少小也小字當是誤衍非古本如是文選西京賦注引通俗文曰露髻曰⿱髟截以

麻雜爲髻如今撮也又薛注曰露頭髻束髮少則露頭不應再加小字

又案龍龕手鑑引婦人束小髮也葢古本又有如是作者髮少小髮義得兩通要不得如廣韻所引少小連文耳

髲 鬄也从髟皮聲

濤案詩君子偕老正義引云髮益髮也葢古本如是正義下文又云言人髮少聚他人髮益之段先生曰十字古注語

髺 潔髮也从髟昏聲

濤案玉篇引作絜髮也葢古本如是絜髮猶言束髮今本作潔非義御覽三百七十三人事部引作結髮結絜聲義皆相

近葢古本亦有如是作者古詩云結髮爲夫妻是也

鬕帶結飾也从髟莫聲

濤案文選西京賦注引鬕帶髻頭飾也是古文多一頭字今奪崇賢音鬕莫惡切卽今之帕薛注所謂絳帕額是也髻卽結字之俗

鬣髮鬣鬣也从髟巤聲⿰毛巤鬣或从毛⿰豕巤或从豕

濤案一切經音義卷十九引作毛巤也乃囟部巤字之訓恐元應書傳寫有誤非古本如是

鬌髮隋也从髟隋聲

濤案匡謬正俗引鬌髮墮也六書故引李陽冰曰墮也則是

古本作墮不作隋隋爲裂肉鬄隋無義廣韻以爲鬄落則
墮者是隋省亦當從小徐本作墮省聲

髡 鬀髮也从髟兀聲髨或从元

濤案一切經音義卷十二引作剃也剃即鬀字之俗蓋古本
作鬀髮也元應書傳寫奪一髮字耳

鬀 鬀髮也从髟弟聲大人曰髡小兒曰鬀盡及身毛曰鬄

濤案一切經音義卷十六引作剔也盡及身毛曰鬀剔乃鬄
字之壞傳寫又奪一髮字耳鬀亦鬄字傳寫之誤

補 鬐

濤案止觀輔行傳宏決八之一引鬐馬鬣也是古本有鬐

篆其字當从髟者聲二徐妄删此篆而大徐又節去鬐字列爲新附妄甚

司部

詞 意內而言外也从司从言

濤案玉篇飼籀文是古本此字尚有重文今奪玉篇云古文者不必盡出許書而云籀文者無不本於說文也

卮部

䏣 小卮有耳蓋者从卮專聲

濤案廣韻二十八獮引作小卮有蓋也葢傳寫奪耳字者字今本亦奪也字

卪部

卪瑞信也守國者用玉卪守都鄙者用角卪使山邦者用虎卪土邦者用人卪澤邦者用龍卪門關者用符卪貨賄用璽卪道路用旌卪象相合之形凡卪之屬皆从卪

濤案御覽六百八十一儀飾部引節信也葢古本無瑞字古惟守國者用玉節餘皆不必以玉爲信也廣韻十六屑引同今本乃後人據今本改卪節古今字

厀脛頭卪也从卪桼聲

濤案廣韻五質引厀脛節也葢古本無頭字

印部

印 執政所持信也从爪从卪凡印之屬皆从印

濤案一切經音義卷七引印玉信也以璽玉者印也則之疑當作王者信也蓋古本一曰以下之奪文

色部

艴 色艴如也从色弗聲論語曰色艴如也

濤案玉篇引色艴如也下有孟子曰曾西艴然不悅九字蓋古本如是色艴如也即用論語語而又偁論語以複舉之許書無此□體例且𣎵部引論語色孛如也是許君所偁論語作孛不作艴矣

卯部

卯事之制也从卪𠨍凡卯之屬皆从卯闕

濤案六書故引唐本曰反卪爲𠨍本書卪部𠨍卪也闕此卽合卪𠨍二字爲文唐本反卪云云當在𠨍字注𠨍不得訓卪也二字乃从反卪之誤

又案六書故引林罕曰卪止𠨍進也許旣云闕則其義未聞此葢肊說

卿章也六卿天官冢宰地官司徒春官宗伯夏官司馬秋官司寇冬官司空从卯皀聲

濤案廣韻十二庚引卿章也公卿公乃六字之誤非古本如是

辟部

𨐨 治也从辟从井周書曰我之不𨐨

濤案書金縢釋文引作法也葢古本如是今本涉下𡰥字說解而誤耳此字从辟从井皆有法義

勹部

匍 手行也从勹甫聲

濤案文選長楊賦注一切經音義卷十皆引匍匐手行也葢古本如是今本爲二徐妄刪匍匐雙聲字下文匐伏地也以許書之例當作匐匍匐也伏地之訓見釋名非說文

勻 少也从勹二

濤案一切經音義卷十五引作調勻也葢古本如是今俗語猶曰調勻段先生曰廣韻曰勻徧也齊也作少必譌

包部

兒生裹也从肉从包

濤案一切經音義卷一卷九卷十四卷二十四所引皆同惟卷三引兒生裹衣者曰胞也當是所引演說文語

鬼部

老精物也从鬼彡彡鬼毛或从未聲古文籒文从彖首从尾省聲

濤案文選蕪城賦注一切經音義卷二卷十六卷二十五皆引

作老物精也蓋古本如是物老則成精今本誤倒當乙正左
氏文十八年傳釋文引同今本疑後人據今本改
又案一切經音義卷十六云古文鬽魅二形鬽即正字今本無
魅篆恐古文篆體有誤

補 ⿺鬼喜

濤案一切經音義卷十二勦仕交反健也說文作⿺鬼喜健也是
古本有⿺鬼喜篆音義又引廣雅⿺鬼喜捷也聲類⿺鬼喜疾也古文苑夢
賦注引玉篇⿺鬼喜剽輕爲害之鬼

甶部

畏 惡也从甶虎省鬼頭而虎爪可畏 𤰞 古文省

濤案汗簡卷中之二𤰞畏亦威字見說文葢古本古文篆體如此並不省也女部威字無重文葢奪

又案九經字樣云𤰞畏鬼頭虎爪人可畏也上說文下隸省是古本無而字有人字

厶部

篡屰而取曰篡从厶算聲

濤案汗簡卷中之二引演說文篡作篡篆體並無大異惟从目从目之別

㕦相訹呼也从厶从羑誘或从言秀𨗨或如此羑古文

濤案一切經音義卷十六引誘導也引也教也亦相勸也華

嚴經卷二音義引誘教也誘之訓道見詩毛傳誘之訓教見
儀禮鄭注皆非相訹誘之義且羑字見羊部解云進善也不
得又以爲羑之古文葢誘字乃羊部羑之重文誤竄於此羑
古文三字亦誤衍葢羑本爲進善之義从厶則爲訹呼之字
羑下當有聲字古同聲字皆相假故訹呼之字假借作誘而
誘之本義轉晦此野有死麕一章後人誤解之所由來也

嵬部

嵬高不平也从山鬼聲凡嵬之屬皆从嵬
濤案文選南都賦注引嵬山石崔嵬高而不平也葢古本
如是嵬字當是衍文一切經音義卷十九亦引嵬高而不平

也宥而字而文義始完荀子非十二子篇注引同今本乃節
引非完文

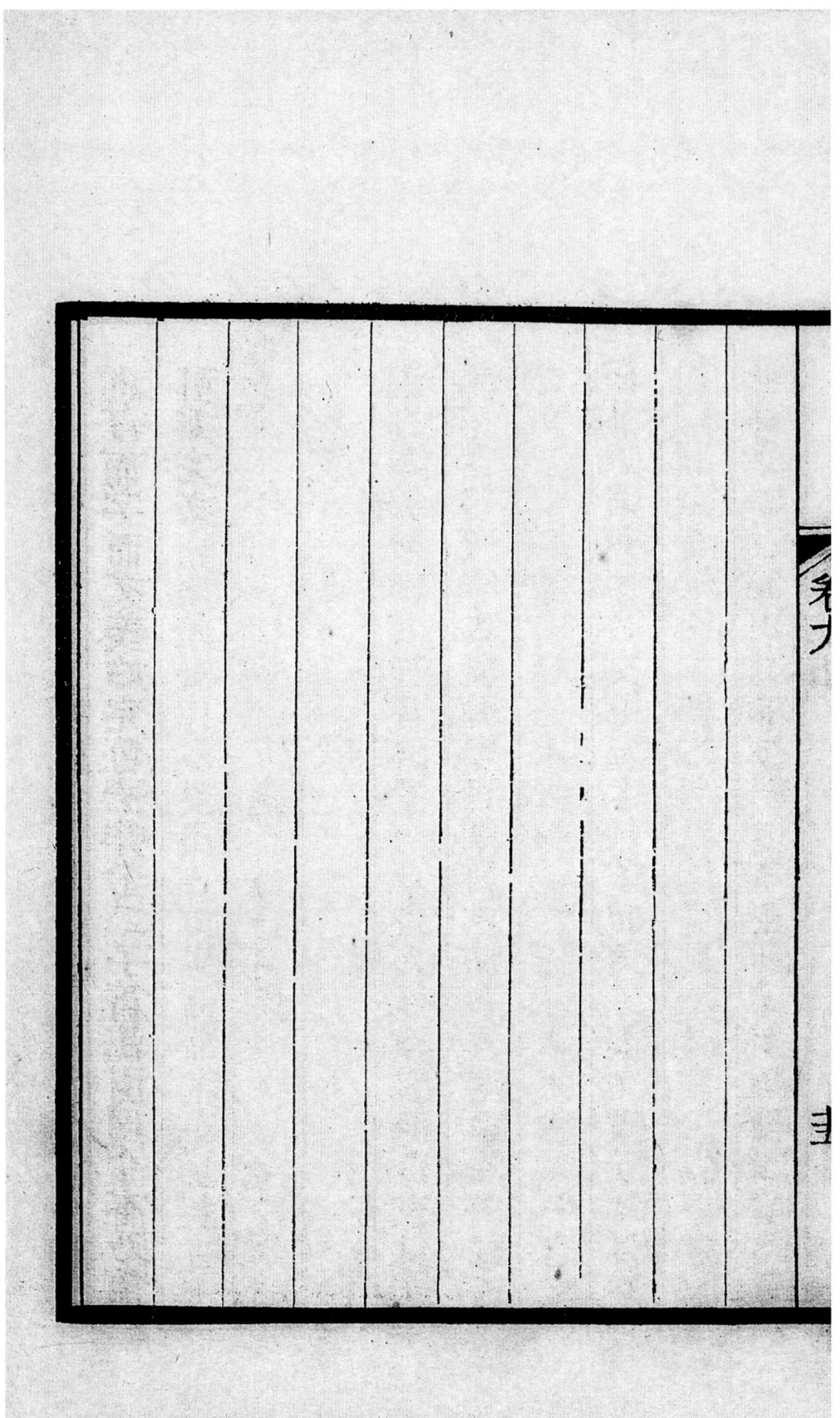

說文古本攷第九卷下　　嘉興沈濤纂

山部

山 宣也宣气散生萬物有石而高象形凡山之屬皆从山

濤案初學記卷五御覽卷三十八地部爾雅釋山釋文廣韻二十八山所引皆同今本爲莊子山木釋文引云山宣也謂能宣散氣生萬物也葢古本亦有如是作者散气二字疑傳寫誤倒

島 海中往往有山可依止曰島从山鳥聲讀若詩曰蔦與女蘿

濤案文選海賦注引同又一引可依止作可居華嚴經音義

下引無依字一切經音義卷一引無往往二字廣韻三十二皓引曰島二字作也文選邱希範發漁浦潭詩注引島海中有山五字皆節引非全文

峱 山在齊地从山狃聲詩曰遭我于峱之間兮

濤案詩還釋文引無地字蓋古本如是以本部山在吳楚之間山在蜀湔氐西徼外諸文例之今本地字衍

嶧 葛嶧山在東海下邳从山睪聲夏書曰嶧陽孤桐

濤案夏書尔疋釋山釋文引作尚書蓋古本如是嚴孝廉曰說文舊本引書偁尚書或但偁書其唐虞夏商周等字皆校者所加

嶷九嶷山舜所葬在零陵營道从山疑聲
濤案汗簡卷中之二云嶷魚力切出張揖集古文說文蓋
古本此字有重文今奪

崵崵山在遼西从山昜聲一曰嵎銕崵谷也
濤案史記伯夷列傳正義漢書王貢兩龔鮑傳注皆引首陽
山在遼西蓋古本如是玉篇亦有首字可證廣韻十陽引同
今本蓋後人據今本改

巒山小而銳从山䜌聲
濤案初學記卷五御覽卷三十八地部引山狹而高曰巒蓋
古本如是文選徐敬業古意詩注引巒山小而高乃傳寫譌

誤山小而高乃岑字之解非巒字之解也劉淵林蜀都賦注曰巒山長而狹也一曰山小而銳也其一解與今本正同則今本亦不誤狹與小義相近銳與高義亦相近古時自有二本要不得如選注所引也

密 山如堂者从山宓聲

濤案廣韻五質引作山脊也乃傳寫譌誤山脊是岡字之解非密字之解也

岫 山穴也从山由聲 𥦗籀文从穴

濤案文選張景陽雜詩注引山有穴曰岫葢古本有有字今奪有穴之山謂之岫非山穴閒之岫也初學記卷五御覽三

十八地部引山穴日岫乃傳寫奪有字

𡸖高也从山陖聲 峻𡸖或省

濤案文選西都賦注引峻峭高也是古本多一峭字今奪峭當作陗

巖岸也从山嚴聲

濤案御覽五十四地部引巖者厓也葢古本作厓厂部曰厂山石之厓巖人所居今本作岸者誤一切經音義卷一華嚴經音義下皆作巖峰也峯篆爲大徐所增十九文之一然小徐本亦有之玉篇亦有峯也之訓或本許書之一解文選長笛賦注引同今本疑後人據今本改

又案一切經音義卷一引尙有亦峻險也四字當亦古本之一訓

岊陬隅高山之節从山从卪

濤案一切經音義卷七引作陬隅而高山之節也葢古本如是有此二字語氣始完文選吳都賦劉注引無高字傳寫偶奪初學記卷五御覽三十八地部引陬隅高者曰岊乃節引非全文

崔大高也从山隹

濤案文選南都賦注引崔高大也葢古本如是今本二字誤倒詩南山傳曰崔崔高大也許正用此

屵部

崖高邊也从屵圭聲

濤案一切經音義卷十六引崖岸高邊也是古本有岸字今奪ホ崖高者爲岸岸之高邊爲崖正合互訓之義厂部崖山邊也此則爲岸邊二字義同微別

嶏㟴也从屵肥聲

濤案列子黃帝篇釋文肥說文字林皆作嶏又作圮皆毀也是古本有一曰毀也四字今奪

广部

府文書藏也从广付聲

濤案御覽百九十一居處部引作文書所藏也是古本有所字一切經音義卷九引府藏也乃節引非全文

廱 天子饗飲辟廱从广雝聲

濤案藝文類聚三十八禮部引辟雍天子饗飲處也蓋古本作廱辟廱天子饗飲處也今本云天子饗飲辟廱義雖不殊語則不詞矣

廬 寄也秋冬去春夏居从广盧聲

濤案御覽百八十一居處部引作春夏居秋冬去之是古本二語互易當乙正

庭 宮中也从广廷聲

濤案御覽百八十五居處部引庭朝中也乃廴部廷字之解

彼

廡 堂下周屋从广無聲

濤案一切經音義卷十七引堂下周屋曰廡幽冀之人謂之庌是古本周屋倘有幽冀云云七字玉篇廡堂下周屋也幽冀曰庌正本許書

庖 廚也从广包聲

濤案史記相如傳正義庖廚屋也葢古本有屋字下文廚庖屋也庖廚互相訓則不得少屋字

廚 庖屋也从广尌聲

濤案御覽百八十六居處部引廚庖室也葢古本亦有如是作者一切經音義卷十七引同今本則今本亦不誤也

庫 兵車藏也从車在广下

濤案初學記二十四御覽百九十一居處部皆引作兵車所藏也是古本有所字此正與府字注一例下文廥芻藁之藏之字似亦當作所白帖卷十一引作兵器所藏

廥 芻藁之藏也从广會聲

濤案後漢蘇不韋傳引無之字古本似當作所說詳庫下

廁 清也从广則聲

濤案廣韻七志引清作圊圊即清字之俗體

底 山居也一曰下也从广氐聲

濤案龍龕手鑑引底無盡也是古本尚有此一訓

废 舍也从广犮聲詩曰召伯所废

濤案毛詩甘棠釋文引作草舍也是古本有艸字案詩召伯所茇傳茇草舍也許君偁詩毛氏作草舍正與傳訓合毛詩茇字當从說文作废本書艸部茇艸根也茇可訓艸不得訓草舍周禮大司馬中夏教茇舍注云茇讀如萊沛之沛茇舍草止之也軍中有草止之法鄭葢以草釋茇以止釋舍左氏僖十五年傳晉大夫反首拔舍從之注云拔草舍卽茇字之假借是作茇必兼言舍茇舍卽草舍詩載馳大夫跋涉傳云

艸行曰跋跋废皆从友聲友有艸義艸舍曰废艸行曰跋也淺人見毛傳訓草舍遂改爲从艸之茇二徐又將說文删去艸字遂有疑許君所引爲三家詩者矣玉篇亦云废草舍也當本許書

㡿 卻屋也从广屰聲

濤案一切經音義卷二十二引作卸屋也葢古本如是卸有毀斥之義今人屋壞欲大修治者輒言坼卸坼卽斥字之俗卻字形近而誤廣韻二十二昔引作卻行則更誤矣

廫 空虛也从广膠聲

濤案文選天台賦注引寥虛空也寥卽廫字之别虛空空虛

義得兩通

厂部

厂　山石之厓巖人可居象形凡厂之屬皆从厂　厈籀文从干

濤案龍龕手鑑引無石字乃傳寫偶奪又有一曰舍也四字當是古本之一訓

厲　旱石也从厂蠆省聲　𠪚或不省

濤案文選陸士衡答賈謐詩注引厲石也乃傳寫奪一旱字非古本如是旱悍字之省謂石之剛者引伸之則爲悍厲矣

厝　厲石也从厂昔聲詩曰他山之石可以爲厝

濤案一切經音義卷九引厲石也下尚有摩也是古本有此

一訓今奪

危部

攱 攱䧢也从危支聲

濤案一切經音義卷十二引攱䧢傾側不安也从危支聲卷十六引攲䧢傾側不安也攲卽攱字之别體蓋古本如是今本乃二徐妄刪又於解中複一攱字誤矣音義卷十八引攱䧢傾側不安不能久立也不能久立四字恐是注中語文選魏都賦注引攱䧢也乃崇賢節引然亦不重攱字

石部

磺 銅鐵樸石也从石黃聲讀若穬卝古文礦周禮有卝人

濤案文選江賦注王子淵四子講德論注一切經音義卷二卷四卷二十四引皆無石字葢古本無之樸在石與銅鐵之間非卽是石今本爲淺人妄增玉篇亦無石字諸書樸字或作璞乃別體字

又案五經文字卝古患反見詩風說文以爲古卵字九經字樣曰卝卵上說文下隸變段先生嚴孝廉皆以爲說文卵字作卝此重文磺字爲後人妄增濤謂元應書卷二卷四卷二十四皆云古文𥗐字書作礦（當作磺）疑許書重文本作𥗐字許君所見周禮亦作𥗐人淺人見今本周禮作卝遂改𥗐爲卝又據字林改卝字爲卵（五經文字云卝字林不見段先生曰可證卝變爲卵始于字林而唐

本之舊不可復合矣

碝 石次玉者从石耎聲

濤案文選西都賦西京賦注皆引作石之次玉也葢古本有之字文義始完

碣 時立之石東海有碣石山从石曷聲碣古文

濤案一切經音義卷十五引碣特立石文選班孟堅燕然山銘注引碣立石也皆節引非完文

礫 小石也从石樂聲

濤案尒疋序釋文引礫小礓石是古本有礓字然釋山釋文引無礓字而一切經音義卷六文選高唐賦注後漢書黨錮

傳贊注所引皆同華嚴經音義下亦引小石曰礫是古本無礓字此字許書所無雅序釋文傳寫誤衍

磧 水陼有石者从石責聲

濤案一切經音義各卷皆引水陼有石曰磧惟二十五卷磧下多一灘字乃傳寫誤衍文選吳都賦注引作水渚有石也乃傳寫奪一者字今本亦奪也字渚陼字之别

硈 石堅也从石吉聲一曰突也

濤案廣韻十四黠引無石字葢傳寫誤奪非古本如是

硻 餘堅者从石堅省

濤案廣韻十三耕引作餘堅也葢古本如是此處當作也不

應作者

硩 上擿山巖空青珊瑚墮之从石折聲周禮有硩蔟氏

濤案文選吳都賦注引硩擿空青珊瑚墮之珠玉滑伏土間

墮四時長蓋古本如是今本誤奪誤衍

磻 以石箸隿繳也从石番聲

濤案文選西京賦注嵇叔夜贈秀才入軍詩兩見皆無隿字

葢古本如是言繳不必再言隿矣今本義得兩通

硯 石滑也从石見聲

濤案文選江賦注引硯滑石也葢古本如是賦文云綠苔鬖

髿乎研上注研與硯同則當作滑古不當作石矣

補礪

濤案汗簡卷中之二云厎礪見說文是古本有礪篆并有重文矣廣雅釋 云碫礪卽礪字之别

補礩

濤案御覽百八十八居處部引礩柱下石也古从本今以石是古本有礩篆其說解如此二徐旣奪去此篆大徐轉以入之新附誤矣

補磉

濤案一切經音義卷十一引磉柱下石此字葢从石桑聲今奪

補磾
濤案廣韻十二齊引磾染繒黑石出琅邪山字从石單聲今
奪
補磔
濤案一切經音義卷八引磔張也開也卷十引磔辜也是古
本有磔篆今奪
長部
長久遠也从兀从匕兀者高遠意也久則變化亾聲𠂆者倒
亾也凡長之屬皆从長𠑷古文長𠑷亦古文長
濤案徐鍇祛妄云說文曰从兀从匕从到亾陽冰云非到亾

聲到亡不亾也臣鍇以爲說文傳寫寖多聲字非慎之過然則當塗楚金所見說文本皆作从到亾聲不得如今本所作此與去之从到子同意

肆 極陳也从長隶聲[illegible]或从髟

濤案左氏文四年傳正義云說文肆訓爲陳字从長聿聲聿乃隶字之誤蓋古本無極字經典中訓肆爲陳如詩楚茨行葦傳時邁箋儀禮鄉飲酒鄉射燕禮注不一而足而無訓極陳者今本極字誤衍廣韻六至引同今本乃後人據今本改

镻 蛇惡毒長也从長失聲

濤案尒疋釋魚釋文引作蛇毒長也是古本無惡字今本誤

衍玉篇亦云虵毒長也當本許書

勿部

勿州里所建旗象其柄有三游雜帛幅半異所以趣民故遽稱勿勿凡勿之屬皆从勿𣃦勿或从㫃

濤案顏氏家訓勉學篇引勿者州里所建之旗也象其柄及三游之形所以趣民事故忽遽者稱爲勿勿詞義較完蓋古本如是韻會一東引亦同是小徐本尚不誤也廣韻入物引同今本乃後人據今本改者字乃顏氏所足

而部

耏罪不至髡也从而从彡耐或从寸諸法度字从寸

濤案禮記禮運正義引耐者鬚也鬚謂頤下之毛象形字也古者犯罪以髡其鬚謂之耐罪故字从寸寸爲法也以不虧形体猶堪其事故謂之耐所引疑是注中語

又案一切經音義卷十四云耐本从刀杜林改從寸當亦古本有是語从刀無義乃从彡傳寫之誤漢書高帝紀注引應劭曰杜林以爲法度之字皆从寸仲遠說字往往與許君相合

豕部

豯 生三月豚腹豯豯皃也从豕奚聲

濤案初學記二十九獸部御覽九百三獸部引作肫生三月

也葢古本豚字在生字上當乙正肫豚字之俗

豵生六月豚从豕从聲一曰一歲豵尙叢聚也

濤案初學記二十九御覽九百三獸部引作豚生六月也又一歲下有曰字皆古本如是

豛上谷名豬豛从役省聲

濤案初學記二十九獸部引豛俗名豬曰豛俗乃上谷二字傳寫之誤御覽九百三獸部引亦有曰字則今本無曰字者誤

豢以穀圈養豕也从豕𢍏聲

濤案後漢書蔡邕傳注引曰豢養也乃章懷節取養字之養

非古本如此禮樂記注曰以穀食犬豕曰豢月令注曰養牛馬曰芻犬豕曰豢許鄭義正同矣

豲逸也从豕原聲周書曰豲有爪而不敢以撅讀若桓

濤案六書故引唐本說文曰豕屬也葢古本如此篇韻皆云豕屬廣雅釋畜豕屬有豲段先生曰二徐本皆云逸也乃以下文逸周書割一字爲之

豦門相丮不解也从豕虍豕虍之門不解也讀若蘮蒘草之蘮司馬相如說豦封豕之屬一曰虎兩足舉

濤案廣韻九魚引豕虍之門不解也作豕虍之門不相捨葢古本如是今本涉上文而誤耳

豩 二豕也豳从此闕

濤案汗簡卷中之二云豩肆見石經說文音銑又音邠此即豩字之重文非肆字也本部𢒼爲豕古文故豩爲豩古文許書音伯貧切又呼關切其非肆字可知此字亦不應見石經皆傳寫之誤

補 豩

濤案詩漸漸之石釋文云豥說文作豥是古本有豥篆矣介疋釋獸四蹢皆白豥豥實經典正字今奪

希部

彙 蟲似豪豬者从希胃省聲 蝟 或从虫

濤案廣韻八末引彙蟲也似豪豬而小葢古本如是今本爲二徐妄刪

豚部

𧰨小豕也从彖省象形从又持肉以給祠祀凡豚之屬皆从𧰨

豚篆文从肉豕

濤案尒疋釋獸釋文云豚說文作𧰨籀文也葢謂尒疋之作豚乃用籀文字玉篇𧰨字下亦云豚籀文則今本篆文乃籀文之誤

豸部

豸獸長脊行豸豸然欲有所司殺形凡豸之屬皆从豸

濤案尓疋釋蟲釋文引作有所伺殺也葢古本殺下有也字形上有象字今本誤奪廣韻四紙引同今本乃後人據今本攺許書無伺字卽司字之別

豺 狼屬狗聲从豸才聲

濤案史記相如傳正義引狼屬作狼爪葢古本如是左氏閔元年傳正義引同今本義得兩通

貘 似熊而黃黑色出蜀中从豸莫聲

濤案御覽九百八獸部引無而黑二字葢古本如是今本誤衍

貈 似狐善睡獸从豸舟聲論語曰狐貈之厚以居

濤案御覽九百九獸部廣韻十九鐸引皆同今本惟列子湯問釋文引云貉字即貈狐類也義得兩通

貂 鼠屬大而黃黑出胡丁零國从豸召聲

濤案後漢書東平王蒼傳注藝文類聚九十五獸部御覽九百十二獸部引皆無胡字葢古本如是今本誤衍御覽黑下有色字亦古本有之章懷書傳寫偶奪耳

貉 北方豸種从豸各聲孔子曰貉之爲言惡也

濤案書周官釋文引作貉之言貊貊惡也葢古本如是許書無貊字卽狛字之別犬部狛如狼善驅羊貉本訓狛故經典假借作貊而以此爲狐貉字詩韓奕論語衛靈公禮記中庸

釋文皆引作北方人也是古本有人字元朗節引去豸種二字耳

狖鼠屬善旋从豸穴聲

濤案一切經音義卷二十一引作禺屬善遊遊乃旋字之譌蓋古本作禺屬不作鼠屬貁即尔疋之蜼周禮司尊彝注曰蜼禺屬淮南覽冥訓注曰狖猨屬則不得爲鼠屬御覽九百十三獸部引同今本乃後人據今本改也

𤉡部

𤉡如野牛而青象形與禽离頭同凡𤉡之屬皆从𤉡兕古文从儿

壽案詩何草不黃正義引兕野牛其皮堅厚可爲鎧左傳宣二年正義引兕如野牛青毛其皮堅厚可制鎧一切經音義卷十七引兕如野牛青色後漢書馬融傳注引兕似野牛而青色藝文類聚九十五獸部引作兕如野牛青皮堅厚可以爲鎧嶓冢之上其獸多兕御覽八百九十獸部引同堅厚句其作毛堅厚可爲鎧蓋古本作兕如野牛青色其皮堅厚可爲鎧類聚奪色其二字御覽又誤色爲皮誤皮爲毛耳今本殆爲二徐所刪削

又案龍龕手鑑引兕狀如牛蒼黑色一角重千斤也與今本及各書所引皆不同郭注山海經亦有一角重三千斤之語

豈所據說文有異本歟

象部

象長鼻牙南越大獸三年一乳象耳牙四足之形凡象之屬皆从象

濤案初學記二十九獸部引作象身四足而大乃傳寫譌誤非古本如是廣韻三十六養所引正同今本又初學記越下有之字三年作三歲御覽八百九十獸部亦同義得兩通日帖九十七引作五歲一乳太平廣記引古訓云象孕三歲始產則三乃五字之誤

豫象之大者賈侍中說不害於物从象予聲豫古文

壽案禮記曲禮曰定猶與也正義云說文云猶獸玃屬與亦是獸名象屬此二獸皆進退多疑人多疑惑者似之也與即豫字之假借此二獸以下乃孔氏語或沖遠引說文注中語也

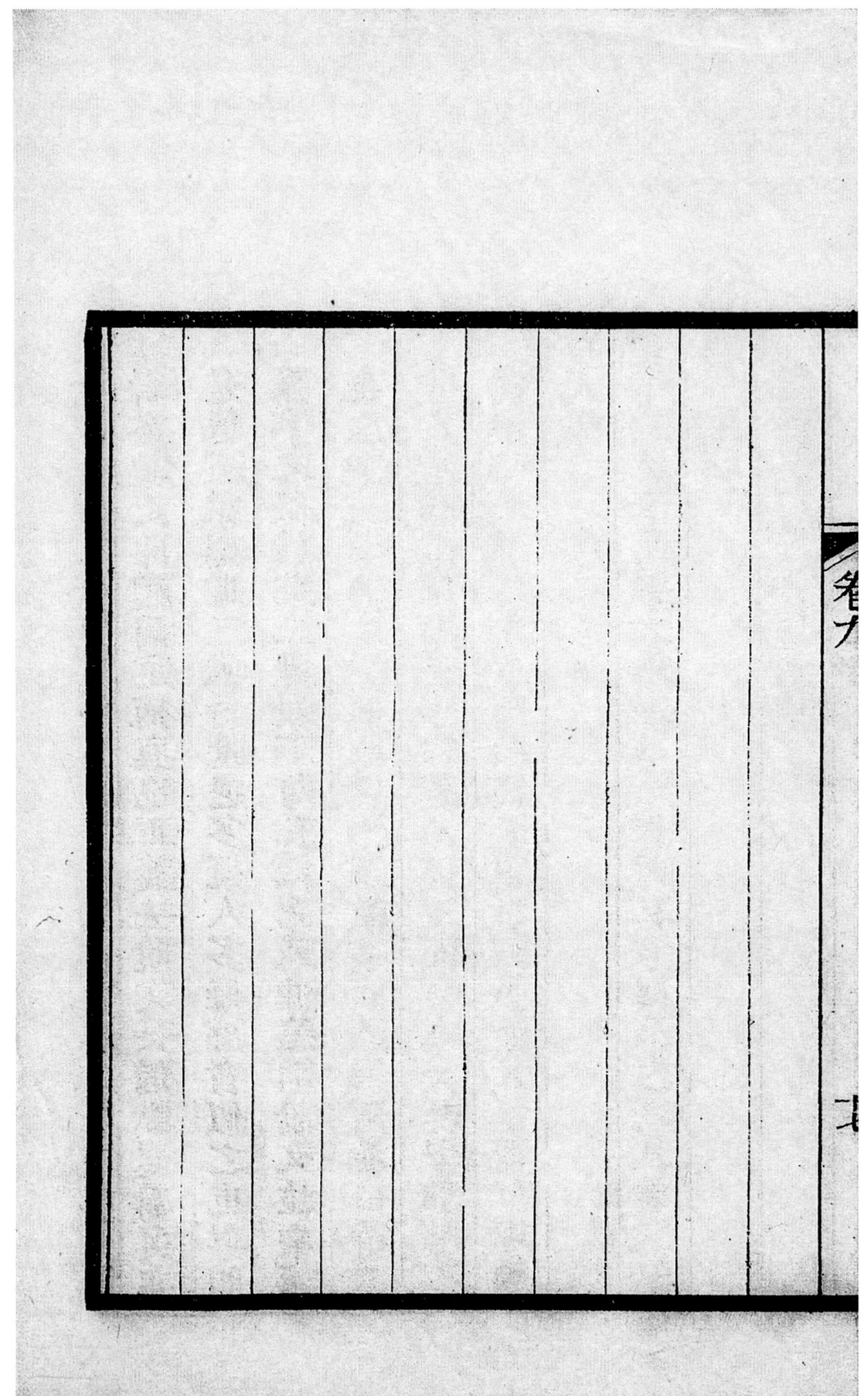